我們就在光之中

弘光科技大學
駐校作家
蕭蕭 編

文史哲出版社 印行

國家圖書館出版品預行編目資料

我們就在光之中 / 蕭蕭編. -- 初版. -- 臺北市：
文史哲, 民 94
頁： 公分
ISBN 957-549-642-6 (平裝)

856.9　　　　94020351

我們就在光之中

編　者：蕭　蕭
策畫者：弘光科技大學通識中心
433-02 臺中縣沙鹿鎮中棲路三十四號
電話886-4-26318652・傳真886-4-26310744
http://www.hk.edu.tw
出版者：文史哲出版社
http://www.lapen.com.tw
登記證字號：行政院新聞局版臺業字五三三七號
發行人：彭正雄
發行所：文史哲出版社
印刷者：文史哲出版社
臺北市羅斯福路一段七十二巷四號
郵政劃撥帳號：一六一八〇一七五
電話886-2-23511028・傳真886-2-23965656
實價新臺幣二〇〇元
中華民國九十四年（2005）十月初版

ISBN 957-549-642-6

序

春天的弘光很美，今年的春天，弘光校園尤其動人！

弘光學子有幸，知名詩人蕭蕭今年受聘爲本校駐校文學家，爲平時擾攘的校園添了幾許文藝的氛圍。我個人一直以爲：技職校院的學生較之綜合大學的學生，更需要人文藝術的涵養與薰陶，因此本校對通識教育的推動不遺餘力，近年來已聘請了駐校音樂家、駐校藝術家。而駐校文學家活動，規劃豐富、活動多元，參與師生人數眾多，可視爲本校通識教育的壓軸之作。

詩人蕭蕭不僅兼擅詩、文，對於台灣現代詩的評論成果斐然，更長年致力於青少年新詩的賞析與習作教學，經驗相當豐富，這次擔任駐校文學家，在他熱忱的規劃下，推動一系列的文學活動：展覽方面，首先推出蕭蕭圖書展暨詩畫展，陸續登場的是愚溪先生詩樂展、蘇紹連先生數位詩展、路寒袖先生歌詩展；在演講方面，共推出四場，其中包括與「沙鹿詩人蘇紹連」及「大甲詩人路寒袖」有約的二場對談；在文學賞析方面，包括文學讀書會及新詩習作班；競賽方面，推出以大肚山人文歷史、自然生態及弘光故事爲主題的全校徵文比賽，及詩歌海報設計比賽；此外，爲了讓師生們有親炙文學家的機會，特別在校內「六路旅館」的大廳，開闢了「文藝沙龍」的時間，讓師生們利用課餘之暇，和蕭蕭老師暢談文學、生活，爲這一項豐富的文學之旅，提供了更多心靈交流的機會。

走過必留下痕跡，欣見「我們就在光之中」成集出版，書中有蕭蕭老師對弘光的印象、弘光同仁的心路歷程，全校徵文比賽的得獎作品、新詩寫作班的詩作。藉由這些作品，我彷彿有了另一隻眼睛，重新審視弘光的校園和生活在這一片園地的師生。字裡行間所洋溢的或清冷、或激越的情感，令身爲「第一手讀者」的我，不禁動容，能在這片天地，與這些人相遇，老天爺的安排，必有不凡的意義！

最近周圍的朋友偶爾感慨，生命中「美好時光」不再。殊不知，一個人的心靈，比起肉體更難掌握；「文學」雖然不易「養家活口」，但足以滋補心靈，尤其年輕人，少了文學，表面上看來無損，卻是人生很大的遺憾。我身爲校長，最終期待我的學生不論處在人生的順境或逆境，都有豐富的心靈來看待一切，都能體會生命的況味。藉由這樣的活動，讓每個學生都能親炙文學，可說意義非凡，就算只是與文學近距離「擦身而過」，也應該是韶華中美麗的一瞥！

弘光科技大學校長

我們就在光之中 目次

我們就在光之中　8

輯一　大肚山迴旋曲

大肚山是真正屬於台灣的名字，
文人雅士喜歡說成「大度山」，
雅則雅矣，但不如「大肚」二字更貼近常民的生命，
一種生命與生命相續的隱喻，
一種山與海相繫的故事，
可以將山脈、台地、平原與海峽串連起來的生命感動。

大肚山情事

洪靜芳

人到中年，眼下荒疏，日益枯索的心，終究不得不俯首承認米蘭．昆德拉所說的：「人生浮沉在和自己相似的人群裡。」其實誰能真正面對自己，坦承自己的庸俗、不完美及空虛？

午後看見張岱的一段文字：「功名邪？落空；富貴邪？如夢；忠臣邪？怕痛；鋤頭邪？怕重；著書廿年，而竟覆甕，之人邪？有用莫用！」何等全然的失落，文章不朽的他都如此了，我，只是，就真的只能這樣了嗎？

這樣的「大哉問」，在我生命中的人物列傳裡，我只能問你，雖然我是那個在你面前一而再消失的人，我卻也一直在等著跟你說，那句在心中說過千百次的「謝謝」，帶著最高的敬意，尤其當我回想起，我們在「大度山」那段有著最好的年齡的最好的時候（陪我上山下海的知己！）。我想這也是我始終離不開這座山頭的原因之一，多奇妙！在我心中，你是留在「大度山」上，永遠的翩翩少年，我轉個彎，在改喚成「大肚山」的山頭「覓食」，少年就成了中年，「大肚」這個名字雖然俗了點，但，正如其名，渾沌的一個大土堆，我也開始學習這座因爲不堅持，所以寬坦的山，不過，我仍相信山前山後，狹窄的冥冥人生，必有繫聯。

我們的傳奇背景在大度山上純淨的歲月，沒有雜質得像是一種美學，相遇時，我一點也不以爲意，那時的我年輕愛嬌，又驕傲得很，不能忍受太輕易的站在一起，總覺得自己非常的清醒，就算偶爾感動過，靈魂被撞擊了，還是機巧的三言兩語帶過。有時，我甚至無理由的害怕注視你，當然也不免在百無聊賴的夜裡想著無聊的情感命題：假設明天晨掃的時候，一出女舍就遇見你；或者上完紅樓夢那堂課，你突然來找我，在文學院的細竹旁，你竟說我像是「探春」……那，那我就甘心的回應你試探的言語（這些你猜不透的心事，啊！我原想打算隱藏一輩子的），當然，這些考驗都離現實太遠，你只能交白卷。相識的時間一久，你越發焦急，又是花，又是信，我一次又一次恍若清明的處理，這很難道說的……友誼吧！一直到我離開大度山，你永遠有本事尋到正確的地址，斷斷續續寄來卡片，口氣客套的像在求職；我們相認識的朋友也斷斷續續對我說你的行止：助教……升等……結婚……教授…，總之，我們之間是有一大片混沌的界，而我唯一清楚的是，有一種我訂的遊戲規則在當中運行。

到南部三年，我又回到大肚山，之後我就更像大肚山的擔待包容，不露山峰，完完全全是一個社會人了。我沒有太多時間去回憶過往，過多的人事和困頓，像獸，在我背後追趕，爲了活命，我只能不斷的拼命往前跑，再說，我也不愛回頭。只有一次，我行過你的所在，猛然一驚，這不就像「君住長江頭，妾住長江尾，日日思君不見君，共飲長江水」？當下，我爲自己的念頭羞愧不已，過多的浪漫感性，是中年的我向來嗤之以鼻的。

廿年來，我有時揣想道途相遇的情節：我溯中棲路而上，你順中港路而下，誰都沒想著會相遇，剛巧碰上了，說不定你會福至心靈的說：「哦！你也在這裡。」或深情的說：「我們，都回不去了！」然後我們的人生開始不一樣，而事實上，我們再也沒見過面，可我篤定你必躲在某處見過我，我保持沉默的姿態，等於保持我們之間的平衡，你將永遠記住我。

你知道這裡曾存在一個王國嗎？「大肚山形，遠望如百雉高城，昔有番長名大眉。」（臺海使槎錄）十七世紀大眉頭目的王國，確實存在，卻被遺忘得幾乎一乾二淨。那麼，存在的意義何在？如果所有的人簡化後，都過著類似的生活，如果生命終究毫無可觀之處，就只能這樣了嗎？難道沒有什麼可以撫慰受創後千瘡百孔魂靈的？我想我十足是個投機者，從年少開始，我預謀似地淡化我們之間的情愫，也許我偏執的以爲，只有不依傍婚姻和盟約的那種情感，才是生命中的奶和蜜，足以讓人與眾不同，當下產生勝利者的錯覺，才會有勇氣繼續闖蕩江湖。

像希臘神話中的薛西佛斯，也像月宮中的吳剛，無止境地滾石、伐木，又一次次無奈地看它們回到原點。我日復一日逡巡於這座山頭，中棲路，中港路，這麼多年來，雜沓的車潮，我益發察覺，腳下的路是一行越來越叫人寂寞的長路，但，想想，即便星子全都墜落，地球再回到冰河時期也無妨，那是因爲有你的緣故，我的心的一處角落，永遠有溫度，而且安靜如夢。

散文三帖

蔡君逸

一、櫻花大道

「羊蹄甲實在算不上是漂亮的花。」——若是你靠近點兒，逐朵細看的話。然而當暮春三月，當她像是乍然夢醒，開成一片花海時，卻也只有「美」一個字可以形容。這麼個說法是有條件的，前提是：「數量真要夠多！」

弘光確然如此！

尋一個燦燦春日，沿著中棲路右轉入校門，撲面而來，漫天蓋地的，是教人透不過氣的花海隧道，兩旁羊蹄甲樹如站衛兵似的緜延近百公尺。學校的人們，也許是驚異於如此陣仗，遂喚爲「櫻花大道」了。當初或許是口誤，也或許該怪這花這樹，遠遠望去，落落一片，太似櫻花。總之，這個名字就此立穩了腳跟，在弘光一代又一代，就這麼傳揚下來了。實則在弘光校園中，也是有櫻花的，在A、B二棟教室間，挺立著十多株的台灣山櫻花。她開花的時間更早，每年二月多，群櫻便已綻放。而當羊蹄甲燦爛成一片時，櫻花早已隕墜委地，再加上她並不開在通衢要道旁，所以沒那麼醒目。只是不知，每當人們訴說著「櫻花大道」的美景時，山櫻花是否正在校園一角暗自垂泣？至於「櫻花大道」，後來好事者欲圓其說，硬說羊蹄甲又名「香港櫻花」。香港固多此花，今日特區旗上的五瓣洋紫荊，其實就是羊蹄甲，只是此說未免多餘、多事了。

其實，羊蹄甲也非到了三月才突然綻放，早在二月中，春雨足、水氣豐時，枝頭便已有花「強佔第一春」了。只是稀稀落落，寂寂而來、默默而去，人也不甚注意到她，真箇是「花自飄零」了。人的際遇豈非如此？生逢其時與生不逢時，於人之本質並無差異，只是機運巧合罷了。然而對花而言，縱不到花時，自開自舞自零落，她的生命已然完足，旁人欣賞與否，只是餘事，更無須掛懷了。究竟生命苦短，若是活得燦爛豐富，自足自適，又有何妨？人生如寄，或亦可做如是觀。

晚春花落時節，最是難堪。到了四月中旬期中考前後，就已是花季尾聲。花樹下師生往來，踐踏得落花如泥，狼藉一片。前賢雖有「化作春泥更護花」之語，然而終究狼狽不堪。有時，看著如花年華的五專十七、八歲孩子，手執帚具，來往清掃，心中常掠過一絲悵然：青春與落花，原也只是一線之隔啊！學生們不諳此意，惟恐殘花不落，又惟恐花落太多，總要掃個一地潔淨方才了事。若是黛玉復生於今日，恐怕也要對此瞠目吧！可是，這就是青春，全力揮霍，不計後果，本就是年輕人的權利，生得盡歡，死又何憾呢？

待到花期已過，校園一片青綠，少了枝頭風姿的羊蹄甲，也和其它植物無大差別了。要再看到萬花怒放的景象，也只有等到來春。只是明年看花者未必盡是今年人了。羊蹄甲看盡滄桑，送迎往來，若是有知，恐也有無盡的感慨吧！

二、雲

大肚山上的雲，總是飄忽不定，變幻無常的。

尋一個校園高處，或是L棟弘觀台，或是J棟頂樓；也或者，並不要那麼高的地方；在圖書館前，在香格里拉草原。只需放寬你的心胸，鬆弛你的四肢，躺下，睜開眼睛。天空的大舞台上，雲朵自會上演著一幕幕的無言劇；有時交馳互踰，有時不動如山。易感的人們見此，興許會有幾分滄桑之感湧上心頭吧。而雲出無心，無視於地上的人們，猶自在空中玩著自己的把戲，千百年來、億萬年來，如是；絕不重複，也不虞匱乏。那是怎樣的慧心巧手，才編織得如許動人戲碼，讓芸芸眾生看著天空舞台，各自在內心，上演著自己的故事。

我愛看雲，藉著看雲，放縱著自己的想像。尤其在弘觀台上，俯瞰海線五鄉鎮，視野如此遼闊；而上方，是更廣大的天空、多變的雲。有時，看著層層的雲朵，想著：

在那重重疊疊的背後，是否真有個叫「拉普它」的地方？那是靠著飛行石而讓它不墜於地的嗎？又有時，是山雨欲來，濃重形暗的雲，壓得低低的，猶不忘快速變幻著自己的身形。不一會兒，雷電交加，大雨傾盆，如一吐怨氣般直瀉而下——「天地之威，一至於斯」！還有時雲似是長了腳，在天空奔馳；時而如兩軍對陣，時而如巨浪奔湧而來，那是颱風將至；也有時風微雲淡，碧空中綴著幾絲雲影，輕如鵝毛，又或淡得像造物者不經意間留下的一抹痕迹，不知從何而來，消逝時也無人在意……。雲的身影，本就無常。古人說「白雲蒼狗」，不過形容其一罷了，白雲化身千億，又豈是凡人描摹得盡？

不羈的雲，在天空的舞台，任意、隨性地變幻著，她該是許多人的嚮往。身陷囹圄的人，透過一片小小的窗與鑲在窗上的雲，想像著外面一大片天空；心靈受桎梏的人，雲似是他們的希望，象徵著不受束縛的靈魂，象徵著永恆。年輕的人兒，夢想著綺麗多姿的戀情；哀樂中年，恐怕便只存苦澀的回憶了。然而，雲何嘗有別呢？又豈會在乎人世的紛擾？人們自得也罷、自苦也罷，又與雲何干？雲看似多樣，實則不變如常。若是再換個角度想，無罣無礙的，真是雲嗎？還是，雲只是人心的投射？原來，真正自由的，不是變幻無常的雲，而是人的想像。人心本就是無限的，原可不假外求，自足自適。白雲如山也好，抑如蒼狗也罷，全是一念之間而已。只要我心清明，又何必作庸人自擾？望著大肚山上多變卻又永恆的雲彩，我有如許領悟。

三、落　日

你說：落日常有，天天可見。縱使天候欠佳，過幾日也總能一見。不過就是個圓又紅的大餅，「咻！」地沈入地平線下，又有何稀奇？這我承認！可如此卻爲何還要寫落日呢？我總覺得，落日——尤其是弘光的落日，已如一個鮮明難以磨滅的意象，深深印在眼簾中、心坎裡。

你說：弘光的落日真有如此特別嗎？我也難以說個明白。究竟，何處無落日呀！該是「人」的因素，才讓這落日夕陽如此特別的吧！

記得十多年前初至弘光，當校名還是「弘光護專」時，課餘午後，總喜歡在球場運動，直到夕陽西下。當時的球友，多是年齡相彷的老師；當時的球場，就在今日L棟前的停車場。那時，球場邊是四層的看台，看台旁是宿舍，二者間隔著一人高的欄杆。住宿的學生，常在黃昏時刻，坐在看台上聊天、乘涼，或看著球場上運動的人；再或者，什麼也不做，發呆！球打累時，我也喜歡爬上看台，望著夕陽，緩緩落下。那時，夕陽西下的方向，還沒有那五根刺眼的大煙筒；空氣、視野，似也比今日要潔淨、清晰得多。常常可以看到太陽直沈入台灣海峽，直到天空第一顆星亮起，而山下已是萬家燈火。又有些時候，不想打球流汗，我會坐在C棟階梯教室的頂樓，搬一套桌椅在走廊上，靜靜地讀書、刻印章。那時A棟沒有四樓，B棟沒有三樓，C棟三樓走廊上，椰影搖曳，視野依舊遼闊。在那夕陽將落的時刻，遠方的海平面上漾起一片金光，綴著點點船影，看著看著，會有一股感動油然而起，常至忘了手邊的刀、石或桌上的書……。

沒錯，那曾是弘光的落日。在學校還沒那麼大、人沒那麼多、空氣也還清淨時。那時，還沒有I、J、K、L、M各棟。圖書館只有四樓，香格里拉草原還是升旗場。運動場還是草地，可以踢足球、打棒球，水池也還是銅像的時候。總覺得，那是個美好的過去。當然，人該要向前看。可是，偶爾停下來，回過頭，看看來時路，應該是會有些啓發的。

想想，昔日的球友，是學生的都已畢業，有些至今仍有聯絡；至於老師，有的已離開弘光。餘下的，多已不再馳騁於球場。彼此均成家生子，再不能如先前逍遙自在。偶然校園中相遇，總是一句「好久不見！」然而，鬢已星星。十多年的時光，青春已逝！又豈是一句「好久不見」所能含括？

你說：不是要寫落日嗎？爲什麼沒幾句寫到落日？是啊！我原寫的是落日，卻不知怎麼，寫起了往事。原來，那落日只是引子，在我心中縈繞不去的，是回憶。人生能有幾個十五年啊？往事、故人、舊景，如走馬燈般，在我心頭掠過——儘管，我眼前是簇新的校園、堂皇的大樓。已過去的，恐不會重現，而只有落日依舊。當她看著我們時，是否也有如我的感慨？不！應該不會！天地亙古，人則如白駒過隙，既無可觀亦不足道。只是，在偶得空氣純淨如前、視野遼闊如前時。我看著落日，會依稀看到往日的弘光，我記得的……。

大肚山迴旋曲

徐靜莊

走出大學文學系，進入職業學校教書，對我而言，好似翻越了一座清雅蘊藉、面向都會繁華的「大度山」，轉而落腳在一座純樸親切、迎接海風的「大肚山」。多年以後，我才發現，其實，這一字之別，也隱隱約約是對嶄新的生活作了註腳。「大肚山」的一側，有許許多多山海相繫的故事，將山脈、台地、海峽串連起來，其中，最讓我低迴沈思的就是一年會見一次的灰面鵟鷹。

一九九六年春天，我在I棟教室的頂樓，第一次仰觀它們自南方而來的飛行姿勢，一群群的鵟鷹自校園後方的山坡天際線出現，緩緩越過香格里拉草原（當時是水泥升旗場）上方極高的天空，越過校門，往西北方向飛行，那天，天空晴朗，氣溫暖和，我想，是個「宜會親友」的好日子吧！這一次初見，我們「彼此」都在內心留下了極爲深刻的印象。

灰面鵟鷹的老友計文德老師說鵟鷹的飛行幅度北至西伯利亞、日本北方、大陸東北，南達菲律賓，含蓋了不同的氣候區、生態區，牠們每一年內，完成一次飛行週期。而太平洋西陲的台灣島，適成爲這一段返家十萬里路的重要驛站，秋十月南飛避寒，牠們棲息在墾丁附近，因而當地人稱爲國慶鳥；春三月北返繁殖，則以八卦山爲主要棲息地，中部人稱爲南路鷹或清明鳥。就這樣秋去春來，亙古如一。

然而，每年春分前後，當賞鳥人士的目光全部向八卦山仰望時，卻少有人知道，有一部份鷹群，並不以八卦山爲出海前的棲息地，而是棲息在弘光校園後方的原始樹林中，第二天清晨起飛，越過校園而出海，有些則是在正午前後，過境弘光上空，繼續長征的旅途。

那時，以弘光校區爲觀察站，每年過境鵟鷹數量可達一萬隻，數量不少，但相較於八卦山的主要落鷹區，循大肚山這條路線而北遷的灰面鵟鷹，「知名度」顯然是不能相比，也一直沒有專業賞鳥人士在此設點，長期觀察追蹤，作爲灰面鵟鷹遷徙生態在學術上研究的資料，這一分冷落，這一條幽僻的道路，反而好似建立了師生們與牠們的感情。

因此，每年三月至五月，校園中常見許多學生和老師們引領企盼的畫面，當陣陣鷹群自後山天空出現，飛到校舍上空，當下真覺得這是老友的重逢，遠自千萬里而來造訪，相聚的距離如此遙遠，彼此的信任卻超越人世的諾言。有一次，學生在傍晚發現獨飛的鵟鷹，興奮的打電話給我，電話那頭的欣喜與激動，無人分享的遺憾，流露無遺，電話這一頭的我，也受到了鼓舞，課堂上奄奄一息的種籽，好像是發了嫩芽！

計老師提起許多灰面鵟鷹和大肚山的因緣，有些是在我翻山越嶺而來之前的傳奇。在醫工大樓和體育館尚未興建前，後山操場是道道地地的大肚山黃土，海風襲來，常捲起瀰天漫地的塵埃，一提到「後山」，師生們就會聯想到「墾荒」的畫面。而那是灰面鵟鷹最親近校園的年代，在終日長程的飛行後，黃昏時分，牠們需要覓食，師生們曾親見牠們在空中盤旋俯衝而下，在操場上攫取野鼠後倏忽高飛的畫面。

二〇〇二年三月二十一日，中午的氣溫高達攝氏二十六度，我獨自一人靜守著弘觀臺上無垠的藍天，時間、艷陽、耐力互相在角力。那天是春分，應有鵟鷹過境，但是等待之外，還是等待，分分秒秒在窒熱的空氣中渡過，校園中許多麻雀在飛，少數鴿子飛上弘觀臺，但那群一年一會的朋友呢？中棲路上，汽車互不相讓，機車勇士呼嘯奔馳，無人能擋，喧擾緊張的馬路性格，已經蔓延至大肚山的面海台地，僅只十年，從前路寬車少的鄉村景緻是不可能再有了。

擺脫這些無聊的思緒，一擡頭，二十餘隻灰面鵟鷹在弘觀台上空，隨著高空氣流不斷的盤旋舞動，就在我仰首的正上方。大地是靜止的，空氣是靜止的，我的朋友，飛過巴士海峽，循著美麗的臺灣西海岸山脈，再一次在校園的上空忘言相會，望遠鏡中可清晰看見羽毛的紋路，精銳的眼神，前方還有更多的海上風險，更長的歸鄉行程，但是牠們盤旋了三十分鐘，我不免自大的狂想，牠們藉著優美的飛行韻律，在校園上空流連許久，不是爲了這一年一次的默契嗎？有那一種情誼能比得上萬里長征的途中，投以默默遠眺凝視，而後，昂揚的越海長飛？

目送牠們離開，內心欣喜而澄淨，我想，最淵博的生命應是在不斷的流浪和遷徙中蘊釀完成，最珍貴的尊嚴是在困頓和堅持中才得以維護。

二〇〇三年，三月廿一日，春分，冷冽，正午氣溫約十二度，飄著細雨。整個上午，只見校園後方山稜線上有一隻鵟鷹，佇立在樹梢，獨立蒼茫。牠沒有隨著今晨起飛的親族繼續北飛，或許前一天的飛行，讓牠感覺到旅途中最強烈的疲憊吧！校園後方竹林逐年在縮小，野生動物逐年銳減，落鷹覓食不易，夜裡只能和著饑餓濕冷的身軀入眠。

重逢的老友孤立在竹林的頂梢，凝眸在前方陡斜的大肚山台地，台地的盡頭是大肚溪入海處，後方的竹林被刀樣的公路切割，牠們開始對這條歸鄉的路線怯步，當年鷹群投井、墜海的故事，不正是因爲棲地縮小、野食減少嗎？牠空洞的眼神讓我們無力承受。

「南路鷹一萬死九千」的故事已經是日據時期的歷史了，但是今年還是看到一夜之間，樹網捕殺數百隻的新聞，臺灣通史所述群鷹在大甲鐵砧山「聚哭極哀」，原來是哀哭情誼的變調，哀哭爲友所賣的至痛。

今年，很早就準備好了望遠鏡、水壺，等著春天的第一朵櫻花，那是鵟鷹重返的信息。原班人馬，加上了一群純真的幼稚園小朋友，我們又登上了頂樓，計老師賣力的解說著，一如以。往。這片山海相連的大肚台地，的確因爲灰面鵟鷹的迴旋，憑添了幾許顏色，鳥王工作室的鄭建昌先生、長年研究灰面鵟鷹的李景泓先生，一直堅持不懈的投入其中，鄉學社每年舉辦的「南路鷹觀察營」也是一份堅持。天空空盪盪的，沒有動靜，孩子們開始跑跑跳跳。我坐下來，望著後山，祈禱高飛的鵟鷹和島上的朋友，彼此要尊重、珍重，才能年年再會。

二〇〇五、八、五

輯二 媽祖長駐守的地方

從弘光的任何一棟大樓，可以望見濱海的小鎮
沙鹿、清水、大甲，
對日抗戰的傳奇人物廖添丁，
帶領民族自醒風潮的楊肇嘉，
讓人敬佩的慈濟創辦人證嚴法師，
還有引領風騷的現代詩人蘇紹連、路寒袖……
他們都從這裡踏出生命昂揚的第一步，
獨占鼇頭，
因爲這是媽祖長駐守的地方。

人文民俗組 第一名作品

潔淨清水佇立鰲峰

柯孟吟（四技護一乙）

從小生長在純樸的小鎮上，依稀記得，有天傍晚時分……我也累了，騎了一個下午的鐵馬，也是該休息的時候了，突然間，有股莫名的感動，看著那兩百多年的老樹，依然站立著，彷彿我身在繁盛的樹木下，自由的找尋兒時記憶，快樂自由自在，毫無壓力，沒有受社會所汙染的心靈，幸福的過日子。

小時後常常聽著奶奶訴說著，使我成長的家鄉，我們清水的故事，奶奶說清水古時稱牛罵頭，是當時拍瀑拉平埔族GOMA的音譯，後來漢人遷入聚居以「寓鰲頭」名之，將「牛罵頭」不文雅的封號改爲現今的「清水」，以水清之質，勵子孫之行爲，爲楷模，清水落在隆起海岸平原面上，是台中盆地周邊的衛星小鎮，充滿著濃厚的人情風味，有著無比重要的交通樞紐地位。

相信大家都知道對日抗戰的傳奇人物廖添丁，以及帶領民族自醒風潮的楊肇嘉，還有更讓人敬佩的慈濟創辦人證嚴法師，他們都是我們的榮耀及楷模，我以做爲清水人爲驕傲，從過往的歷史訊息來說，清水文風鼎盛，並有許多的愛好藝術者，使我們成爲優質生活機能、多元發展之海線文化鎮美譽呀！清水以人爲本，關懷生命，使社區公園景觀綠美化，建有好多休閒公園，如鰲峰山運動公園，是民眾假日運動休閒場所，是一處老少咸宜的休閒公園。公園溪谷邊有處石洞，人稱「鬼仔洞」，洞內曲折多變化，是探險的好場所，至今身爲清水人的我，還不敢去體驗呢。以及港區藝術中心，具有地方文化特色及開放性的最大特點，有五個廳，每個廳都有不定期的表演活動，假日也有各地迴廊演出的節目，來爲藝術中心添加了更多熱鬧的氣氛，還有許許多多的公園，分散在各個社區，提供民眾良好的休閒活動場所，使生活更加便捷。清水有著許多兼具色、香、味的古早傳統小吃，如王塔米糕、ㄚ婆粉圓、清水排骨麵、擀麵……，都可視爲清水傳統美食代表，品嚐過後包你會愛上它，不只是吃，還有海線人所稱的紫雲巖爲「觀音亭」。建於康熙年間，殿宇恢宏，規模廣大，供奉觀世音，廟貌宏偉，目前仍遺有乾隆時期的古碑與鐘鼓樓，是人們心靈的寄託所在啊！

生長在一個純樸有山有海的小鎮上，生活依然自在，隨時投向大海的懷抱……歡迎大伙來清水小鎮遊玩，期待你的探訪。

人文民俗組　第二名作品

情鄉

嚴佳莉（五專護三甲）

清水鎮，在地圖上一個不起眼的小地方，是我成長的地方。

民風純樸，寧靜悠閑，第一次來訪清水的人大都用這八個字來形容吧！在清水街看到的情景，不外乎是婆婆媽媽手提菜籃，牽著年幼無知的小孫子在市場裡跟頭家討價還價的模樣。路上隨時可以看到臨時擺攤的小販，叫賣聲此起彼落，小販努力的推銷，主婦們也拼了命的殺價，小孩也就樂的在一旁玩耍，但這些場景只限於中午一點前，時間一到大家就很有默契的紛紛收攤、大包小包牽著小孩回家。

街道恢復了往日的平靜，空曠的街道讓人無法想像這裡曾經是繁華的市鎮中心，沉寂的小鎮雖失去了原來的風采，但也多了一份寧靜與恬淡。

我一直很喜歡我畢業的國小「清水國小」，用古色古香來形容她是再適合不過的了，走在學校日式ㄇ字形建築的川廊上，偶有幾個學童嬉鬧跑過，彷彿回到了日據時代，學校種滿了老榕樹和大王椰子，樹藤爬滿了校園的圍牆，又更顯得幽靜。以前大夥一下課就直衝拱門那吹風，漫談童語。學校很少看到柏油（以前），幾乎都是用紅磚頭鋪設而成，斑駁的痕跡似乎在訴說它的過去，教室的木製門窗不知還在不在？畢業幾年後回校發現，往日那生氣蓬勃的鳥園已不再，取而代之的是美麗的平地噴水池。

我很喜歡這個充滿宗教信仰的小鎮，大家都有心裡的支柱，表情看起來都是那麼的祥和；我也很喜歡到清水的觀音廟，當內心無助時到廟裡拿柱香拜拜，週遭的人目的似乎都跟你一樣，把心中的想法跟著那柱香就留在香爐上，香燒完了，憂鬱就隨著它煙消雲散。

現在都市生活的步調越來越快，深怕一個不留意，你就再也踏不進那個世界了，緊繃的神經像是一條隨時要斷的弦，這時不妨放慢腳步走進清水，緩和一下你疲憊的身心吧！

人文民俗組　第三名作品

我的家，我的鄉——清水

王美琪（五專護一辛）

位在台中縣境內，一個靠海的小鎮，就是我的家鄉，「牛罵頭」。

其實牛罵頭是清水的舊稱，非地緣甚至血緣而得名，是從鰲峰山往下一望，清水的形狀好似一個牛頭，所以得到此稱號。而後之所以改爲清水，也大有典故。在鰲峰山山麓處，有一泉——泓靈泉，清澈可鑑，位在埤仔口，早期的婦女都在那洗衣，小孩子則在旁玩水，那時可非一兩位婦女，而是一群龐大的陣仗，幾乎可組成一支小軍隊了，可現今這些場景只成任人們追溯的回憶，並不是因爲科技的進步，而是埤仔口已不再湧泉了，去拜訪也只見到那些舊址，讓我們「空想」。在近年，鰲峰山上發現了史前的舊址，這項的發現可說又把清水的歷史往前推了一步。

講到建築，那就得提到那已有百年歷史建築的清水國小，由日本人所建的教室至今仍在使用，且保存也很完整，而那悠久的校門，至今也佇立在那，等著我們去追逐它的歷史，可是從那些許老舊的窗檻，也看得出歲月在這所刻下的痕跡。

每次到清水國小拜訪，心裡總會掀起一股無法言喻的感覺，或許是對這棟建築的景仰吧！但別以爲清水只有古蹟，近十年，清水建造了一座藝術中心，全名：台中縣港區藝術中心，光從外表就知花費多少心血。有著中式的迴廊設計、西式的表演廳和廣場，還沒進展覽館就已經體認到「藝術氣息」在自己身體周遭渲染開來，當然藝術館的活動可少不了，展覽過大大小小的主題，其中以「拿破崙帝王展」大概最負盛名吧！假如你在這看累了，也有咖啡館和茶藝館可供遊客們休息、喝飲料及吃小點心，加上流洩出的古典音樂，可說身心都達到完美的享受。藝術館的美還讓眾多新人們前來拍攝婚紗取景，而電視偶像劇「星願」也到表演廳內拍攝，可知藝術館的盛名，傳揚如此之遠。

新竹有貢丸和米粉聞名，而彰化有肉圓聞名，清水呢？那就是「筒仔米糕」，那可真是「上港有名聲，下港有出名」，在民國三十五年時，由王塔先生所研發的地方小吃，早期的米糕其實是甜的，而王塔先生的口味獨特原因就是──它是鹹的，所以這米糕一推出，到今已快六十年的歷史了，現在你仍可看到王塔所創立的老店依舊客人源源不斷，那是筒仔米糕在這幾十年來所打下的口碑！前來品嚐的不只有老顧客，也有從各地聞名前來的客人們，就爲了一嚐筒仔米糕的滋味。

而清水與梧棲相接地帶有一漁港也頗負盛名，那是梧棲漁港，也稱台中港，內有海濱遊憩區，也有新鮮魚貨可買，但一定少不了海鮮熟食區，像烤魷魚、土魠魚酥、花枝丸……，個個都很「歐伊西」唷！假如覺得不過癮，想帶回家自己料理，那就到生鮮區吧！裡頭包羅萬象，而且都很「青」喔！海濱遊憩區有一瞭望台可觀賞到美麗的落日佳景，在這你經常可見到許多情侶相擁觀看，很令人臉紅心跳呢！介紹清水台中港到此，是否心動？有空希望大家前來遊玩，且玩的盡興。

在每個地區總會有多少培育出令人敬畏或有名的「人物」，他可能是位歷史人物，或是位有威望的領袖，不然就是活躍螢光幕上的大明星。在清水，說到大人物就不得不提到這位在日據時代，有著「劫富濟貧」俠義作風的「廖添丁」，我們後代的子孫不忘他的大恩大德，建立了一座廖添丁紀念祠，永遠悼念他。記得前幾年台灣人也把廖添丁的生平事蹟拍成了一部八點檔的連續劇，由此就知他的一生，在這台灣的歷史上，刻下永恆不滅的回憶。再者知道慈濟創辦人「證嚴法師」嗎？他也是道道地地的清水人唷！而且他是畢業於清水國小。假如再把時間往後拉，那位活躍螢光幕的主持人「利菁」，相信大家也很熟識此人，她也是出生於清水，且是證嚴法師的學妹，很巧吧！原來清水竟孕蘊出如此之多的人才，且個個人才輩出，搞不好那天，清水將會造就出一位台灣總統，就拭目以待吧！

雖然清水目前仍處於半開發狀態，並不繁榮，甚至有人曾說這是個「雞不拉屎，烏不生蛋，烏龜不上岸」的鬼地方，但我深信，有一天清水會繁華起來的。

人文民俗組　佳作

咱鄉的鄉情咱的心

洪瑩靜（四技醫一乙）

三月裡，有位偉大人物的誕生，她雖距今年代已久遠，但她多變的造型及眾多的事蹟已深深感動大家的心，她是誰呢？她就是鼎鼎有名，無人不知曉的——媽祖。

人家說「三月瘋媽祖」此話真是一點也不假，媽祖出巡已成爲一項全民甚至是國際性的運動，所以政府也替這項活動取了個名字叫做「國際媽祖觀光文化節」，在許多替媽祖慶生的活動中，又以台中大甲媽祖的八天七夜遶境活動最爲盛大，從白天到黑夜，黑夜又回白天，日復一日不停的行走，沿途許多的民眾，爲了見媽祖一面也守候等待著，再次印證了「三月瘋媽祖」這句話。

媽祖遶境的時間是每年農曆的三月，而每年的這時候，大甲總是擠滿了想要一睹媽祖廬山真面目的人潮，鎮瀾宮裡也是寸步難行，雖是如此，供奉大甲媽祖的神轎還是走出了大甲，前往新港奉天宮。

記得我高職的時候，每次到了大甲媽祖遶境時，我們學校學生總是特別高興，因爲大甲媽祖所到之處，民眾爲之瘋狂，大甲媽祖會在學校附近的「鎮安宮」休息，到了凌晨時，才又起駕準備回大甲，而瘋狂的信徒爲了一睹媽祖真面目，從四面八方的鄉鎮不停的湧入，造成交通癱瘓，學校避免學生困在學校回不了家，所以總是在大甲媽祖到來的那天，提早半天放學，而我們學生就對大甲媽祖產生了一股好感，當時的我們真是巴不得大甲媽祖一年多遶境幾次。

大甲媽祖到來的那天早晨，上學的時候走路總是特別小心，因爲人行道上睡滿了信徒，若沒注意真是很容易踏到人，路邊也晾滿了信眾的換洗衣物，到了中午，路邊開始有人煮起大量的素食，等著隨行的信徒填滿肚子，街上的住戶也會擺起大量冰涼的飲料，讓信眾能隨時解渴，記得有一次，看見一名騎車的信徒被店家追到路中央只希望信眾休息喝一下飲料，可見民眾是多麼熱情呀！

遶境中還有項「鑽神轎」和「搶神轎」的習俗，這兩種習俗都有保平安之意，有時鑽神轎趴跪在地上的人綿延了數十公尺場面之壯觀，若非親眼看見是很難想像大甲媽祖的魅力居然如此大！

媽祖遶境爲大甲帶來了大量的觀光人潮，也安撫了人民的心，我想這項活動會不停傳揚下去，因爲媽祖遶境是我們唯一不分人種，不分黨派，而可一起共同參與的活動。

人文民俗組　佳作

大肚磺溪書院

施雯珮（五專護二乙）

我從小就居住在大肚，在大肚不只是看起來純樸而已，它可是充滿人文氣息的。大肚雖然是個很鄉下的地方，但藏著歷史已久的書院——磺溪書院。

磺溪書院建於清光緒十五年（一八八九年），當時有一位趙順芳先生努力的籌建，於十三年倡儀，而在其間不斷的籌備，請工人來建造，終於在十六年完工。現址位於台中縣大肚鄉磺溪村文昌路六十號。

磺溪書院裡有供奉了五神，五神中有人說是孔子、倉頡、朱熹、關羽、梓潼文昌，但也有另一種是朱衣文昌、梓潼文昌、文曲星君（文魁）、朱熹、關羽。當地的人都稱磺溪書院爲文昌祠，而許多的考生到了考試季都會前往磺溪書院去祭拜，保祐考試順利。大肚的鄉公所在每年考試季都會舉辦考生祈福，這種文化大肚一直都傳承著。

磺溪書院的外觀看似是一間廟，一進去卻不一樣，充滿著古色古香的氣息。整座建築有七個開間，兩進兩護龍帶四垂亭的四合院，而中庭挺合適學子玩耍。正對著裡面有雕刻一隻龍的斜階，相傳那是給中科舉的狀元走的。裡面的門以拱狀設計。中堂裡供奉了五神，抬頭一望右側掛了一只鼓，而左側掛著一座鐘。再從右側的門走出去，上方有一頂轎子，轎子上寫了「三元及第」四個字，而轎子是給狀元乘坐的。正門口旁有兩隻石獅子，展現出它的威武。

雖然，經歷了許多的風吹雨打，確實已經斑駁了許多。不過，它有很多不一樣的設計及建造，就屋頂上的動物來說，它是以一片一片的琉璃做出來的，而所有的建材都是經由福建運送過來的。更特別的是所有的木材所接連的地方，完全都沒一根釘子釘過，所以，以前的人可是非常聰明的呢！

大肚有了這座古色古香的三級古蹟，給大肚人一份書卷氣，也讓整個鄉多了一份色彩繽紛的文化感！

人文民俗組　佳作

鎮瀾宮之旅

莊宛玲（五專護二乙）

我從小就在大甲長大，那裡有一座廟，它有很漂亮的裝飾與雄偉的格局，它就是人人皆知的——鎮瀾宮。

相信一般人到鎮瀾宮除了拜拜外，很少仔細地觀看牆上的壁畫及雕刻，不然就只稍稍看了一下，輕輕的讚美作者的精湛畫法、雕刻法，從來不曾仔細看看，看每件藝術作品中，流傳千年的宗教、歷史故事。接著，我要介紹鎮瀾宮裡較有趣、好玩的藝術作品，並將廟裡的諸位神明稍加介紹。

你知道鎮瀾宮的鎮殿媽祖有幾尊嗎？答案是五尊。大媽，即是大家最常見、最大的那一尊，祂身穿龍袍，頭戴鳳冠，腳穿麟靴，坐在殿中，供信徒膜拜。再來就是坐在大媽前，比大媽小的二媽。祂與大媽一樣，長年鎮守在廟中，但一般信徒祈願的焦點大都落在大媽身上，而二媽僅享受人間煙火，不需負責任，所以有「二媽吃便」（台語）的有趣說法。而三媽與四媽（即副爐媽、正爐媽），就是每年遶境進香時，所扛的二尊。

另外，在同一殿上，左邊為註生娘娘和婆姐，婆姐有四尊，一人揹三個小孩，代表一人照顧一個季節。右邊為伽藍、虎爺。在其他殿，尚有觀音佛祖、神農大帝、聖父母殿及南北斗七星殿等大大小小的神明。

知道什麼是剪黏嗎？剪黏即是用許多大大小小的彩色玻璃片，一片一片仔細、小心地黏，慢慢地黏出造型、圖案、人物。這些剪黏在鎮瀾宮的屋頂上隨處可見。如：福祿壽三星、麒麟送子等，皆是精細作品。

接下來，要介紹可以讓彩繪藝術師發揮才能的焦點——門神。門神的刻成，是用一片厚厚的木板，仔細的一刀刀慢慢刻成。它的精細程度，假如你睜大雙眼仔細看或用你的手輕輕撫摸，你將會對雕刻的人，發出深深的讚嘆。還有，假如可以，你可以挑一個時間，站在門神的底下，注視著祂，不論你往右或往左移，你將會發現——祂在看你，彷佛祂是活的，正注意你的一舉一動，真的是栩栩如生。

鎮瀾宮內，其實也有不少的壁畫，它們都躲在樑上或很角落的牆上，它裡面的內容大都是我們聽過的歷史故事，如盤絲洞、和合二仙及雙獅戲球等。

鎮瀾宮裡除了龍、鳳、麒麟為最常見的吉祥動物外，其實還有一種動物，牠遍及各個角落，不論大或小，那是就獅子。你一定會問，有嗎？除了廟口的一對超大隻的獅子及門口、殿上的各二對石獅外，應該沒有了。其實你仔細找找，是不是石雕上、壁畫上、甚至屋頂、樑上的各個角落都有牠的存在呢？

其實，我們到一個地方去參觀或從事其他活動時，不要抱持著「到此一遊」、「走馬看花」的心態，那樣，你將會錯過許多有趣、好玩的事。其實，藝術，它就在我們的身邊，只是我們都把它想得好像遙不可及。藉由鎮瀾宮這座廟，不是一個不錯的例子嗎？

輯三　弘光，我的家園

櫻花大道——以心形環繞著弘光，
是弘光的精神象徵，
琦君的散文裡，有「桂花雨」飄香，
弘光的校園中，有「櫻花雨」用盡生命展現出美學。
弘光，從生命初生到終老，
都有相關科系教人認識生命、關懷生命，
弘光，從教授到草木，
都在啓發、都在展現生命的美與真。
弘光，充滿信、望、愛的家園。

弘光家園組 第一名作品

弘光四季

張筠曼（五專護三甲）

三年了，在弘光的求學生涯中說長不長、說短不短，喜歡上這裡的一草一木，每一隻飛舞的蝴蝶或一聲脆耳的鳥鳴都能吸引我的目光，讓我這個被課業搞得七葷八素的學生得到一點心靈上的解放。

寒風過去，大地甦醒，這個時候總是特別期待如艷唇般的山櫻花沿著B棟幽然綻放，走到樹下，一時之間彷彿來到了仙境，令人陶醉在山櫻花如詩篇般的綿綿細語中。若是有興致，可約三五好友一同帶著茶點來到樹下的桌椅處來場特別的約會，也就不難體會到日本人賞櫻花時的夢幻情境了。只是，花開花落總是教人感傷，仔細想想這就是大自然奇妙的安排：讓美麗不斷重生；當山櫻花凋謝時，另一頭的南洋櫻花（羊蹄甲）正悄悄展開笑靨，這可是從停車場一路到圖書館的重頭戲呢！只見粉嫩色的花團把冰冷冷柏油路妝扮得春意盎然、美不勝收，這就是弘光著名的「櫻花大道」。不過，得先提醒您，除抬頭仰望弘光的特色外，請別忘了低頭瞧瞧那些盛開的杜鵑花，在A

棟或E棟前面開滿著紅、粉、白的嬌客與櫻花大道正在相互呼應著。由於「清明時節雨紛紛」，春雨總是把盛開的花朵灑落下來，令人不由得想起林黛玉的葬花詞，但教人驚喜的是弘光路斜，雨下大一點就會在路的兩旁形成小小的河流，落花隨著水流緩緩而下匯流成花河，更添愜意，況且經雨水的滋潤後，花兒更顯得嬌豔欲滴，不僅有花河，落下的花也鋪滿了整條道路，像極了花地毯，讓我們這些前往教室上課的學子們一飽眼福，被雨天影響的壞心情也一掃而空了。

如果說櫻花是婀娜多姿的少女，那圖書館前的蕃茉莉就是個揹信的孩子了。紫白相間的小花蘊藏著撲鼻而來的清香，提醒著我們別再留戀童話般的春天，該是買瓶防曬乳來擁抱夏天囉！弘光的夏天熱力十足，放眼過去盡是一大片的金黃，花雖少了點，但那些鮮綠的嫩葉卻更加襯托出弘光的活力。在這裡想暫時躲避艷陽的熱吻，除了冷氣房外就屬M棟前面那顆大得嚇死人的白榕樹了；樹上蟬鳴響徹雲霄，似在替白爺爺打廣告：「來呀！白爺爺歷史悠久，信用可靠，絕對能讓客倌豎起大拇指說『涼啊！』」常言道秋天是豐收的季節，我卻覺得秋天像是張泛黃的照片，讓人勾起滿懷的愁思，走在女生宿舍前的兩排菩提樹下，厚大的葉片開始轉黃，被秋風無情的催落下來，踩在上面沙沙作響，只剩C棟前的大王椰子姍姍來遲的開了花，與前面蕭條的景色格格不入。令人不敢相信吧！又高又挺拔的大王椰子開出的米白色小花竟比我的指甲還小，原來，隱藏在那硬漢外表下是如此的溫柔多情，也因爲如此才能靜靜守護著腳下那片寬廣的草地吧！

秋去冬來，從沙鹿清水一路吹過來的海風冷得教人直打哆嗦，不僅增強了冬天的威力，也增加了感冒人數。這時的弘光路上行人三三兩兩，如同光禿的樹椏悽悽涼涼；那裡溫暖往那裡去，人口密度最高的就是福利社和 7-11 了吧！到處都是爲躲避寒風而來取暖及搶購十元的關東煮的人，對學生而言，嘴咬熱呼呼的貢丸，手握暖呼呼的高湯實在是冬天的一大享受啊。

弘光的四季，運轉來去如斯，你可也感覺到呢？

弘光家園組　第二名作品

那是我至愛的地方

林健欣（五專護三己）

在一個窮鄉僻壤的地方，有著一所外觀看似不怎麼特別，但裡頭卻到處洋溢著人文氣息的學校。它，位在中棲路旁，這裡雖然沒有熱鬧繁華的商店街，但也因此提供學生一個安靜淳樸的讀書環境。而它，正是我的學校——弘光科技大學。

記得，我第一次來弘光報到時，踏進弘光校園，腦海中不禁浮現一個疑問：「一個面積不算太大的學校，要如何提供那麼多舒適的環境給學生？」至今已過了三年了，這個疑問，我也找到了解答。「麻雀雖小，五臟俱全」這句話來形容我的學校最貼切不過了。雖然它擁有的面積有限，但卻也充分發揮每一塊土地的價值。怎麼說呢？就讓我一一的爲您介紹吧！

在校園人行道的兩旁，種植了許多的羊蹄甲，每當春天來臨時，走進校園，即可浸潤在一片花海中，感覺十分浪漫。微微的春風吹來，我喜歡漫步在櫻花大道上，一面欣賞美麗的山櫻花、一面幻想著自己變成一個快樂的花仙子，隨著溫暖的春風，自由自在的飛翔……。不但可以暫時忘記憂愁，也可以紓緩一下因爲考試帶來的緊繃心情。到了黃昏時分，西下的陽光照射著整個弘光校園，頓時，呈現著一股唯美的氣息。然而，這樣美麗的景象並不僅止於白天，夜晚的弘光景色更是優美。由於弘光位於半山腰的地方，到了夜晚，只要從校門口往外一看，便可看到一片美麗的「夜景」。那真是美呆了。若是空閒，也可以和三五好友或是情人，一起上L棟的弘觀台，從那遠眺整個沙鹿鎮的夜景，那種壯觀的景緻，會使你再三回味。

當然，弘光除了有美麗的景色外，也有著許多貼心的設備。舉個例子來說吧！這個地方，也是讓我最能沉澱心情、靜下心來的地方，就是位於圖書館旁的「閱覽室」啦！空堂的時間，我偶爾也會和同學一起到那看看書，感受一下大家認真的氣氛，讓自己靜下心來，是個很不錯的地方。當你讀累了，就可以到L棟 B2 廣場或是休閒小站，買個零嘴、點杯飲料，坐在那和同學聊聊天、談談心，培養彼此的感情，那也是聚會的好去處喔！還有呀！學校設有學生輔導中心，會定時的推出各式各樣的心理測驗或者輔導課程，可以對學生的心靈上有幫助，是個滿不錯的地方，也是我覺得最貼心的地方。

是的，這就是我成長的地方。當然啦！它並不只有我所介紹的地方而已，還有許多很不錯的設備，值得大家仔細的去體會一下，相信不會讓您失望的。

弘光家園組　第三名作品

櫻　雨

謝佩蓉（五專護三乙）

櫻花大道——位於台中縣沿海的一個純樸、又賦有豐富文化色彩的沙鹿小鎮——弘光科技大學，也是我所就讀的學校，沿著斜坡往上行走，坡道旁有兩排櫻花樹，走過這步道已經三年的我，看盡了他們春、夏、秋、冬的幻化，與無比的生命力。

冬季時節，寒風凜凜的吹著，我步行在櫻花大道上，手中握著暖暖的咖啡，看著緩緩而升的白煙，順著白煙抬頭仰望正在沉睡的櫻花木，一株株的，他們的軀幹，在狂風亂舞中，挺立著、搖擺著，每每走過這裡，都會不時的跟旁邊的三兩好友抱怨：「櫻花何時才要開呀！」心中殷切期盼著他們從沉睡中甦醒，展露他們的生機，我想此時此刻的山櫻花樹，或許是爲了即將到來的春季，在做準備、休息吧！

我走在櫻花大道上，和風暖暖的迎面而來，溜過我的臉頰，空氣中夾雜著青青草香，深深的吸一口氣，撕下二月份的最後一張日曆紙，時間已偷偷的來到了三月，無意中望見，不知何時枝頭上已萌發了那翠綠的葉芽，一望，滿滿地、那滿滿的新綠已在眼前，並點綴著一點點的粉紅，他們終於醒了！

日曆一天天的撕下，那淡淡的粉紅一日日的掩沒那鮮綠，此時的校園已成爲了一個粉紅世界！校園與中棲路只相隔了一扇大門，但從抬起腳，跨入校園的那一刻起，彷彿是進入了另一個國度，外面世界的紛紛擾擾，那交通的繁亂複雜，那惱人的情景已消失在九霄雲外，時間好像靜止了，腳步也慢下來了，此時擺在我眼前的美景，就好像陶淵明所構築的桃花源，「芳草鮮美，落英繽紛」。而我就是那個漁人，正驚歎的欣賞著、陶醉著，那粉紅色的雨，隨著微風的輕拂，而落下。

我走在櫻花大道上，漸漸地，那綠伴著櫻花雨的飛舞，又再度的充滿整個大道，在偶然中聽見蟬聲唧唧，迴盪在我耳邊，透過茂盛的葉子，從葉縫中灑了一地日光，那如似夢幻的粉紅，消失得不著痕跡，那似真似假的桃花源，不禁令人起疑，他是否存在過?此時的櫻花大道，是綠色得，充滿生意。

我走在櫻花大道上，看著枯黃的葉子，片片落下，透過交錯的樹枝，看著天空的蔚藍，大道又即將沉睡，而我也再次的冀望著他們的甦醒。

櫻花大道——是弘光的一個象徵，他伴著學校走過了一段歷史歲月，他看見了學校的轉變歷程，他歡送了無數的畢業生與迎接了新成員，他就像空氣，多麼自然的佇立在校園。我站在坡道上。靜靜的聆聽著，沙沙的葉子摩擦聲與生命的鼓動。

弘光家園組　佳作

城堡

李奇芳（五專營三甲）

午後，在雨水洗禮過後，水泥地放出迷濛熱氣，這場午後的滂沱大雨，洗淨所有煩瑣，地面上落葉繽紛，踏在微傾坡度地面上，嗅著大地賜予的淡淡香味，望著人群背影，嬉笑聲音此起彼落。嗯！你好，歡迎光臨，弘光科技大學，這是一趟旅行，遊走在我的生活裡。

壯麗白色捲型物屹立不搖是這座城堡的守護神，迎面而來的陡坡上頭佇立無數的強壯士兵迎接著我，一座小巨塔以歡欣水舞示以熱情，然而每棟建築物各具風味特色。我喜歡站在弘觀台上的頂端，空氣清新還無法讓人平息心中震撼，望出去，原來海是這麼遼闊，原來天是這麼藍，全都在我的視線裡。

熱血沸騰的少年在陽光下顯的多麼刺眼，奔馳在沒有速限的運動場上，我喜歡運動，潛在因子激發躍動神經，那個地方沒有暴力血腥、沒有仇恨，在桌球室裡我尋到信心的成就感，小胖子的動作輕盈敏捷，盡全力換取來的是踏實的快樂，那裡是屬於我的桃花源。

寶庫裡裝滿了寶藏，我像是海盜船長，闖進圖書館尋找寶藏，這些並不是價值非凡的寶石，只是能裝進去我的腦袋裡面而成爲永垂不朽的記憶，書架上成千上萬看似平凡的書籍，等著你的挖掘成爲屬於你的寶物。

食營大樓人來人往擦身而過不再寂寞，而是那份熟悉的模樣，追逐的人群、誇張的笑聲，我們的營三甲是這麼可愛純真又是這麼團結認真，充滿人情味的笑臉，親切和藹的老師，這裡是我們的避風港。

三年了，我來到這裡有三年了，從陌生到熟識，弘光對我而言不單單只是這麼張文憑，而是陪伴著我長大，還有那份歸屬感。這些美麗的生命記憶，在別人看來，可能沒有什麼價值，在我看來，倒不必想價值與否，只是很單純得讓它刻畫在我心上，留下甜甜的味道。

現在，我站著這城堡的頂端，去享受最美的風景，我們都是小園丁，灌溉這城堡的美麗。

弘光家園組　佳作

櫻花

謝宛溱（五專護三戊）

放在春季外套，寬鬆口袋內的隨身聽，流出了輕快的前奏，是他的曲子。
「春天來臨的話就送給妳花朵……」
跟著音樂的旋律，配合上他所寫的歌詞，低聲吟唱起來。
坐在那個可以將櫻花大道的景緻，全數盡收眼底的噴水池旁；聽著日系搖滾樂；喝著接近室溫的富維克礦泉水；欣賞著……
因爲風徐徐吹拂，而漫天紛飛飄散的粉紅。
看著那別名「香港櫻」的羊蹄甲，開了又落，落了又開，匆匆的，時間，轉眼又過了一年。
望著她，望著那櫻花大道，心裡想著：上次在這裡欣賞這片美景時，是在什麼時候？有著這樣閒情雅興的想法，又是在什麼時候？想要用相機，將這份美麗保存下來的念頭，又是在多久以前？

數個禮拜前，由噴水池這裡所望下去的景色，還是春櫻滿樹開，之間夾雜了幾葉青翠的綠意，形成了微妙的對映，然，放眼望去，仍舊是春色當「道」。

而今，當初那遍樹嬌嫩的粉色，飄落在人來人往的行道上，任憑過往的人群踩在鞋下蹂躪——泥濘；枝條上殘存的櫻色稀稀疏疏的，與青色的羊蹄狀葉片，一同掛在粗細不一的枝幹上——殘春。

僅只是數十日的距離而已，前後的差別竟然是如此之大！

可謂，歲月不饒人。

春，漸漸遠行；夏，逐步到來……

「……不過若是夏天來的話　就來放美麗的煙火……秋天來的話就追逐夢想　不過若是冬天來的話　就會跟在你身邊……

All Year Around Falling In Love by L'Arc~en~Ciel」

在弘光唸書已經有三年了，相對的，看著櫻花大道的開開落落，共有三次了。

每每經過那春意盎然的行道旁，就會有想要用相機將這片美的有如出自名家之手的風情畫一般的春日景象給保留下來的念頭浮現。

但是，眼前的美景卻是倏忽即逝的吧？用那樣的人工儀器，真的可以把那份屬於自然的美給留下嗎？

每一年，每一天，每一個隨時隨地，從我們指縫間所流逝掉的時光之砂，讓她的美，在無時無刻都呈現出不一樣的風采。

所以，拋開相機吧！

用自己的雙眼，去欣賞每一個角度的櫻花大道，不要錯過眼前任何一個，可能會稍縱即逝的景色。

盡情，恣意的去享受在此時的浪漫。

琦君的文中，有著「桂花雨」；弘光的校園，有著「櫻花雨」。

只要是被冠上「櫻花」稱號的植物，似乎都會有著相同的性格——在最美麗的時刻，散逸，落地。

日本的武士道美學，也是由此而生的吧。

在最輝煌璀璨的時候，毫不眷戀的離開這個世間，不會在乎存在的時間長短，只求能在這短短的季節內，綻放自己全部的美麗。

而後，凋零……

雖然短暫，但是這用盡生命所展現出來的美學，卻又是無「植物」能敵的。

這就是「櫻花」的哲學吧——短暫的美麗。

弘光家園組 佳作

那是我成長的地方

徐惠蘭（四技醫一甲）

走在傾斜的櫻花大道上，溫暖的微風輕拂著花瓣，和煦的陽光照在翠綠的樹木上，光線從葉隙中投射過來，撒著黃金色的光芒，我抬頭看到櫻花隨風飛舞打轉著，春風迎面向我打了聲招呼，慵懶的伸個懶腰，思緒也不輕易的回到剛進入暑假的那個夏天，那個充滿回憶的夏天。

九月應該是秋天的季節，天氣卻還是依舊悶熱，好不容易將租屋的小房間佈置好了，也流了一身汗快累癱了，走到陽台眺望著陌生的台中港夜景，明天就要開學囉！心情有惶恐、有害怕，我就帶著這樣的心情，不安的進入夢鄉。隔天起了個大早，帶著黑眼圈走到了教室，同學們彼此都不熟悉，看到的都是生澀的言談和笑容，隨著認識的越深，生活適應的越良好，所有的擔心也一掃而空，甚至開始對大學生活充滿了期待，以及滿滿的新鮮感。

開學後的迎新露營活動，有歡樂有汗水，飛牛牧場的系遊，大家在草地上奔跑嬉戲，坐在木椅上吃鮮奶冰淇淋；醫管盃歌唱比賽，班上的佳玲拿到第一名，整個第二會議室都是班上的歡呼聲；在吹著涼徐晚風的夜晚，到毓麟館欣賞「雲門舞集」精湛的演出，如雷的掌聲快把館頂給掀了……。這些回憶，感覺猶歷歷在目，太美好也太難忘。和同學相處的時間有太多太多的喜、怒、哀、樂，一起上下學，一起吃飯；一同分享生活的點點滴滴，有時到台中市夜唱當夜貓子，一起到逢甲逛街敗家，一起到台中港大啖海產，窩在一起三姑六婆，一同度過有如熱鍋上螞蟻的期中期末考的前夕，每每想到這些回憶，嘴角總會不自主的上揚，真的很謝謝你們的陪伴，有了你們，我的大學生活不會是空洞乏味的。

在弘光的日子雖然不長，但我心中裝著回憶的行囊，卻是滿滿的，是甜蜜且愉悅的負荷。四月春天到了，校園內的植物漸漸又充滿了朝氣，涼爽的樹蔭、繽紛的櫻花，引起我輕喟的嘆息，那畫面太美麗。併著肩和同學往著回家的路，細細回味咀嚼，有你們在校園的每一天，「我們誰都不准忘記，好嗎?」

弘光家園組 佳作

我，喜歡這樣的弘光

鄒怡芳（五專護三辛）

進入弘光已有三年，當初那個清湯掛麵的小ㄚ頭已變成亭亭玉立的大女孩了。

這三年內，有絕大部分的時間，是在這校園裡渡過，與同學的歡笑嬉鬧，向師長的問安道早，每天都在這偌大的校園裡上演著，而那些歡笑耳語也充斥著每一個角落，留下了我們的青春足跡。

猶記得，新生訓練時，學姊發的簡介上標印著「櫻花大道」的美麗，但新生訓練是在夏天，無緣見到那粉瓣綻枝頭的景象，可經過了三個春天，我拜見了那一次比一次更絢麗的美，心裡充滿了難以言喻的悸動，每當清風吹過時，那綴滿枝頭的粉紅，便會隨風飛舞，一瓣瓣的飛著，飄著、落著，宛如下著一場惟美浪漫的櫻花雨，讓人不禁想在那片花雨下盡情的跳著、舞著，幻想著自己是春天裡最美麗的櫻花精靈。

櫻花落盡後，接著便是蟬聲唧唧的夏天。說到這個蟬聲唧唧啊！實在不得不讚嘆弘光的自然生態環境之好，每到夏天教室旁邊的大樹上便會傳來「唧！唧！唧！」的蟬鳴一陣比一陣還要大聲，彷彿是要跟老師的麥克風比賽似的，有時還會聽到好幾隻蟬的鳴叫聲，錯綜的鳴著，卻又異常的協調，偶爾鳥兒們也會不甘示弱的加進來啼個幾聲，奏成一場自然音樂會，使人聽了精神爲之一振。

最最讓我感到驚訝及不可思議的是，弘光的鳥兒們絲毫不怕人，尤其是麻雀更是囂張到無與倫比的地步，爲什麼這麼說呢？那是因爲每當我在學校餐廳吃早飯時，咱們的麻雀老兄便會大搖大擺的飛進來，如入無人之地般，快樂的與他同伴玩起追逐遊戲，之後再大搖大擺的飛出去。還有，學校裡有隻非常奇特的鳥，大小跟雛雞差不多，看起來像假的一樣，爲此，我還做了一見蠢事，在某天早晨，通往教室的途中，我再度遇到了那隻鳥，本人爲了確定此鳥究竟是真是假，便蹲下來與牠——「互相凝望」，看牠會不會受不了人類的瞪視，動幾下給我看看，結果，我輸了，直到上課鐘響了，他都沒動而我卻不得不去上課，後來在某次課堂上，偶然聽到老師提起，才知道他的名字叫「夜梟」。

在弘光待三年，深深覺得弘光真的很不錯，尤其是學校裡那種悠然的環境與氣氛，往往都會讓我有遠離都市的感覺，整個人也悠悠哉哉的不再那麼焦慮、煩躁，尤其是唸書唸煩了，更可到樓頂眺望遠方海天一色的景象，放鬆心情，抒發煩悶，這樣的弘光讓人喜愛，我，喜歡這樣的弘光。

弘光家園組 佳作

弘光異想曲

黃炳勛（四技醫一乙）

早上可以晚一點起來，舒舒服服的在夢中多坐一會兒，在夢裡如果坐得太久，其實也表示下一班公車不會等你，早餐也可以「布郎奇」，慢一點到校沒關係，你可以避開車潮，呼吸到更新鮮的空氣……以上要辦到的話，除非教授點名不會點到你。

弘光，我相處了半年的地方，最令我難忘的是……五十度角的櫻花大道，它讓我抬頭挺胸，走得更堅強：

櫻花
你是
好漢

好漢也得吃飯，在大學裡，有很多餐廳爲你而開，連校門口、天橋下都有飯吃，這樣每天都可以變得很不一樣。我呢？每天中午我只吃距離我最短的東西，我是一個有點文靜的人，我討厭走遠路。

肚子吃飽了，也要餵靈魂。

圖書館的藏書，讓我知識、常識變得很豐富；各式各樣的期刊、書籍，讓你沉浸在書香中，茅塞頓開。而我，則每天享受在翻四份報紙，外加八卦雜誌的喜悅中，有時間的話，真想到放映室看看電影！

在多變的青春歲月中，我加入了棒球隊。

我打著加入「理想社團」的心願（錢少、事少、蓋社團認證章），遍尋不著，只好選擇棒球社，因爲我想找回以前的感覺：那種揮棒後，球「鏘」一聲飛出去的感覺。加入後，我非常後悔，因爲我是「白斬雞」，練習時，我好幾次累得仰天長嘯。不過，這幾天，我感覺體力變好了。

如果人生可以重來，大學可以再選擇一次，我還是會選擇弘光。

我喜歡上弘光了，因爲，它離我家很近。

輯四　爲更多的生命留一塊淨土

弘光是一所照護生命的大學，
生命教學是弘光教育的主軸，
推己及人，愛屋及烏，
這是仁者心懷，
生命愛的光輝所映照的光明世界。
所以，關懷人，關懷南路鷹，
關懷高美濕地，以及濕地裡、濕地上更多的生命，
弘光人的心，永遠是一塊充滿愛與美的淨土。

環境生態組　第一名作品

馬鞍藤

陳瑩宣（五專護一辛）

來到了心目中的沙灘，看到的不是蔚藍的大海，聞到的不是鹹鹹的海風，聽到的不是小孩嬉鬧的聲音，而是看到一台台怪手在挖地球的資產，一片一片，一塊一塊不斷蠶食鯨吞，只有束手無策，只知道，一顆貪慾的心讓大地哭泣，看著漸漸崩解的島。

沼澤豐富的生命裡，如藤壺、花跳、燒酒螺、招潮蟹，它們是生機，但經怪手一亂，它們只有倉惶的逃跑，漸漸地，成了一塊充滿人類慾望的荒地。無法想像當時，它們倉惶失措，四處響起死亡驚呼的警鐘，如此的生靈塗炭，它們成了巨人腳下的螞蟻，反抗也是多餘的。不知情的海水，還不斷拍打著已殘陋不堪的海岸，已沒有招潮蟹爲它歡呼的聲音，已沒有任何人的回應。原有的原生植物早已放棄它，但只有不灰心還抱著一線希望的馬鞍藤，即使被人截肢斷軀，仍不斷伸出細軟的不定根，它不只是誓死如歸的勇士，更是一個不輕言死的將軍，即使是快崩解的島，它也會努力用力的纏住它。

如此懾人的生命力，陽光依舊照耀著清晨，綠色的藤蔓依舊著生命，但與它搶地盤的已不是花跳，而是因爲不珍惜而發出惡臭，不謹慎而充滿毒藥的惡水與垃圾堆。它們是人們心中的惡魔，不斷向嬌嫩的生命索取靈魂，但馬鞍藤並不柔弱，它有著天地無法動搖的力量，那就是它之所以能生存在如此惡劣的環境中，並能綻放出紫色的小花。

紫色小花成了它的子孫，它們吹響著誓言的喇叭，告訴它們的敵人，它們無畏無懼，它們活著不是爲了未來的勝利，而是爲了先人的努力，他們的聲音將響徹雲霄，撼動地心。

雖然堅持是一種悲傷，但爲了明日光榮的勝利，難道不值得他們奮力一搏，留給後人一條清澈的河流，一片碧藍的天空，一個乾淨的地球。

風依舊吹，陽光依舊照耀，但這世界將有所變動。

環境生態組 第二名作品

高美溼地生態之美

陳玉如（五專護二辛）

大甲溪發源於南湖大山，全長一百四十二公里，在清水鎮高美里社區附近出海。由於南岸的高美溼地鄰近台中港，港務局爲防止大甲溪的沙土流入台中港，因此由河口向西構築人工攔砂壩，形成人工與自然共存的現象，而且與附近的大安溪口的紅樹林結合成一個生態觀賞景點。

台灣西部沿海爲較爲平坦，每天兩次的潮汐帶來各種生物和有機質。尤其是潮間帶魚貝類繁生，棲息生物十分複雜，引來許多覓食的鳥類，記得上次與學校一起去時，還看到許多招潮蟹及水鳥呢！生態實在豐富。而且啊！高美溼地在政府的規劃下，不但成爲國中、小學校外教學的場所，每逢假日更會吸引大量遊客前來觀賞呢！

在去年的假期中，爸爸心血來潮，在毫無計畫的旅行中，我們開著車，到了高美溼地，這次我又發現了更多的美麗景色，那裡可不只有招潮蟹及水鳥，還有繁殖力強的馬鞍藤、濱刀豆，讓我們在海邊也能欣賞到漂亮的花兒，還有不懼強風的蘆葦、鵲立在溼地的水燭、具有芳香味道的海埔姜呢！爸爸還跟我說，本來還有獨特稀有的雲林莞草和大安水蓑衣，但將近五公頃的雲林莞草卻因整體出海口的施工，幾乎完全被毀滅。近幾年經有心人士的呼籲下，加以保護，現在才日見增多。雲林莞草冬天會枯萎腐爛，經微生物分解後成爲生物的營養基質，孕育出繁多的生命，而大安水蓑衣則爲全世界僅有的稀有種急待保護與復育，否則可會有絕種之虞呢！

每當退潮之時，文蛤、蟳、彈塗魚和各種貝類紛紛出來覓食，和大安紅樹林的招潮蟹共同爲海邊增添不少熱鬧的氣氛，當然，在牠們用餐之時，同時也成了鷺鷥等鳥類和人的捕捉對象。看到這麼多生命生活在這海邊的溼地上，雖然是鹹濕的環境，卻充滿了生存的意志，不禁讓我更體會到生命的意義。

北半球的冬天對高緯度地區的鳥類來說，那真是一段難以生活的季節，地處副熱帶的台灣自然是牠們避寒的勝地。每年秋天以後，海邊溼地就會住進數百隻前來過冬的嬌客，看牠們或低頭用餐、或梳洗理毛、或翱翔天空，不論遠觀或近看，都是一幅美麗的圖畫，難怪引來成群的賞鳥人士拿著望遠鏡耐心的欣賞著。

大甲溪上游巨大的岩石，經過漫長的「旅途」來到下游附近疲憊的躺了下來，在一連串滾動、搬運、撞擊、摩擦之後，變成圓滑、嬌小的砂石，想到它們曾是一顆令人畏懼的巨大岩石，如今卻變成小小的模樣，更讓人體會到大自然的偉大，「人定勝天」的觀念，應改爲「人定順天」才對！

用心遊玩高美溼地想必感到飢腸轆轆，別擔心！您可以到大甲嚐美食、參觀一下全省有名的大甲媽祖廟——鎮瀾宮，到清水吃道地的米糕，更可以到台中港享用美味的海鮮，晚上在高速公路清水休息站賞夜景，您會發現：旅遊不一定要出國啊！

環境生態組　第三名作品

我所認識的高美溼地

王意婷（五專護三戊）

從小就在靠近海邊的地方長大，雖然，家裡不是靠海吃飯的討海人，但不免有些見聞；高美溼地這個名詞對我來說不陌生，因爲我就是高美地區長大的孩子，比都市人更接近大海，也是不受喧囂的樸素的鄉村，但近幾年來，隨著生態保育的倡導，高美溼地這片原本寧靜無汙染的大海邊，頓時成爲人氣鼎沸的觀光景點，真不知道對這片海域來說是喜？還是悲呢？

高美溼地是近年來，對這個原本已經沒有提供航海人停留的小港口取了名字，頓時成名了，成爲了假日休閒的好去處；從小我所認識的高美溼地，是只有居住附近的大人或小孩，玩樂的地方。有時候，還可以看到老一輩的人，在退潮時走出到外海抓蟹或扒蛤蜊，拿到市場去賺點外快；海邊真的是一個能讓心情廣闊的地方，遠離城市的喧鬧，盡情的放鬆自己，但是，隨著生態保育的宣導，而高美溼地又是候鳥遷徙必經的一站，名聲愈大，汙染愈多，雖然這讓寧靜的鄉村熱鬧了，也可增加收入，但環境汙染，滿地垃圾真的很糟。告示牌貼是貼了，旅客總是有看沒有懂，盡情享受歡樂時光，也害了這片美麗海域。現在這個地方變了，只要到假日就可看到人山人海，不再是那麼孤寂，卻讓附近的生物減短了壽命。

人們總是在新的事物一發現，就一窩蜂往那裡衝，學者及愛鳥人士，一直在保護這片海域及生物，觀光客的一時歡樂，卻可能造成長久保育的努力失敗。很想告訴旅客們，玩的時候也要記得保護它，因爲你們一時的開心或好奇，有可能對這片海域造成傷害。希望我心中的那片高美溼地，能永遠保存著原來的面貌。

環境生態組　佳作

聽見溪流在哭泣

劉佳琪（五專護三甲）

豐富美麗的河流，是人類原始的故鄉，萬物生命的源頭，在那不起眼的外表下，卻蘊藏極富任性的節骨，悄無聲息的穿山透地。大甲溪一位於台灣中部，由東往西橫貫台中縣境，於大甲與清水間，注入台灣海峽，不但滋潤大地也涵養生機。

大甲溪的自然環境優越，蘊涵了豐富的自然資源及優美景觀，台灣國寶魚櫻花鉤吻鮭的存在更使大甲溪在世界富有知名度，然而，國寶魚的珍貴，並未能阻止人類無知的開發腳步，在人文洗禮過後，大甲溪的生態遭破壞而瀕臨垂死邊緣。「我家門前有小河，後面有山坡」、「魚兒魚兒水中游，游來游去樂悠悠」這些大家耳熟能詳的兒歌場景，已不復見。

大甲溪原是一條清淨秀麗的溪流，它可以自我調整和自淨，卻經不起人爲的改造與傷害。近數十年來，大甲溪頻繁的人爲活動，諸如過度的開發水資源，於流域上游不斷的農業活動，改變了陸域的環境品質，導致河道變遷及水優養化；流域中游興建多座水庫，改變了原本的水流型態，也使水生物棲息地分割，在衛生下水道未建立前，工業及家庭廢污水多直接排入河川，而沿岸垃圾廢棄物的堆積，其滲出水也流入河川，大甲溪的水質因而污染。大甲溪從早期的拓荒開墾，至今日工商業的開發，流域不斷地湧入人潮，這些種種外來的因素，破壞了大甲溪之美。

小學時，曾上過生態保育的課程，聽過老師介紹大甲溪的生態環境，老師是大甲人，在溪水未受污染前，常在溪邊游水，每每都玩的不亦樂乎，好不快樂！在溪水的石岸邊，可見各式繽紛的魚兒、一群群可愛的魚苗及黑溜溜的蝌蚪，也可欣賞鳥兒悠然的飛翔，傾聽穿林掠水的悅耳鳥鳴，這是多麼令人賞心悅目的享受啊！雖然我不曾到過大甲溪，但聽老師這樣繪聲繪影地描述，彷彿可以感受到大甲溪的美景。

曾幾何時，美景不再，溪裡魚兒芳蹤杳然，林邊鳥鳴不再，只聽見工廠機器的運作聲；你聽到了大甲溪的吟哦與泣訴嗎？還給溪流一片清淨的面貌吧！溪水的生態維護是需要大家共同努力的。

環境生態組 佳作

海線地區的自然景觀

陳鈺婷（五專護三丙）

在這可感受到海風的吹拂著，且挾帶著一股股鹹溼的海水味，這裡就是沿著台中港的「海線地區」。

從小就生活在這片充滿著海風和鹹溼海水味的土地上，並操著一口獨特的「海口音」，時常聽到人家說：「啊！你是海口人喔！」正因爲如此，便對海線地區的各種人事物或是自然景觀，有著一股難以言喻的感覺。

說到海線地區的自然景觀，較著名的有下列幾個地方。像是清水的「鰲峰山」，它不僅是運動的好場所，也是三五好友或是家人們一同遊玩的好地方。鰲峰山上有外丹功活動中心和烤肉區，自行車練習場、親子館、石瀨頭以及俗稱的鬼洞等。這裡所稱的石瀨頭爲堤防、攔沙壩，因每逢大雨，溪水就夾雜著沿線的沙石滾滾而下，就構建了此堤防，而每當到了黃昏時分，在這可見到許多情侶漫步，此處也成了情侶們表達情感的好處所。而俗稱的鬼洞，據說是日本時代所開鑿的地道，只要沿著地道一直走，就可以通到大甲溪呢。鰲峰山在每年的清明節都會因掃墓的人不慎的使用火源，使得山燒的一片通紅，哈！這應該也算是一個另類的景觀吧！

「高美溼地」，有著最美麗的地標——高美燈塔。這潮溼的沼澤地每年都有許多的候鳥過境，這裡成了賞鳥天堂。這裡還擁有稀有的大安水蓑衣，以及水筆仔、馬鞍藤、蔓荊等，在這看著過境的候鳥以及這些海濱植物，覺得這一切好美喔！有如置身於心中的桃花源呢！心中的煩惱早已拋到九霄雲外去了，整個人都沉浸這美好的環境裡。

「台中港」爲海線地區船隻出入的港口。沿途可見船隻滿載而歸，耳邊也一直充斥著叫賣聲。在以前還未管制的時候，可以靠近海邊看海，看船隻入港出海的模樣，記得小的時候看見這情景總會特別的興奮呢！

上述爲海線地區其中幾個自然景觀，那些地方真的很美、很棒。如今已不復以前的模樣了！真的很需要人們的珍惜與愛護，因爲這些自然景觀禁不起人爲的摧殘啊！

輯五　詩心蕩漾的年歲

詩與美，本來就存在大自然之中，
詩與美，本來就存在人類美妙的心靈，
特別是青春的年歲，
詩心蕩漾，
蕩漾詩心，
所有詩的教育工作者只要輕輕撩撥、
輕輕點化，
詩與美，如泉湧現，
將要沾溉更多詩心蕩漾的心靈。

即使

陳芃妍（幼保）

即使撈起未焦的美味
也難以逃脫焦味的薰染
我到哪裡找　純淨的清粥？

即使重新翻照
也難以洗掉那深厚的情愁
我到那裡找　能洗掉傷痛的沖洗店呢？

白雲

簡燕鈴（醫管）

白雲是個善變的魔法師
隨時隨地變換他的姿勢
體貼的提供柔軟的床給天使

白雲是個不安於室的旅人
沒有目的在流浪
從天涯到海角，從白天到晚上

白雲的朋友是大海
看得到卻碰觸不到
唯有在哭泣時才能投入他的懷抱

音樂會

簡燕鈴（醫管）

琴聲落下的瞬間
我屏住了呼吸
深怕錯過一個音符

千萬個細胞跟隨著節奏
跳起
曼妙的舞姿

一首樂曲，一趟心靈旅程
在繽紛的世界裡
尋找消失已久的感動

熬湯

吳若瑜（護理）

回憶是一鍋熱騰騰的湯
各式各味的佐料是思念
我是湯裡的調味品
旋轉　跳舞
早已忘了湯的原味是欣賞
旋轉　跳舞
早已不能在湯中形成獨特的風味
融在湯中
離不開　逃不出
這鍋　五味雜陳的湯

秋天

楊琬茜（護理）

將葉片染上憂鬱的色彩
帶著愁緒
隨風流浪

天空

江欣儀（幼保）

太陽　是大地的核電廠，一直發光
白雲　是天上的旁觀者，一直在天上觀望
狂風　是天的搬運者，吹東吹西
烏雲　是上天在生氣
打雷　是上天大聲的吶喊
下雨　是天空的心情

我要趕快回到溫暖的家

解脫

陳姿樺（幼保）

停不住的活力
是脫了韁的野馬
坐不住的空氣裡
是又急又喘的呼吸
急速的心跳閃過時間
我的心思
早已乘著林間的五色鳥
自在飛翔

南路鷹

林雅鈞（護理）

遨遊於天地間
俯視萬物，眼中盡是渺小
五月天
微微振翅
為天空帶來生命的驚嘆

思念

林盈秀（護理）

蒼蒼的樹
是精靈的城堡
精靈帶著哀傷
默默為樹祈禱
冬風在樹的頭上吹拂
飄落的細雨是折翼精靈的淚滴

抓不住的溫柔

許嘉純（護理）

昔日的回憶還歷歷在目
掌心卻早已沒有你的溫度
伸出雙手　試著抓住你最後一絲的溫柔
抓住的卻是那飄散在空氣中的孤獨

悶熱的天氣

劉麗萍（護理）

白色的天空，厚重的雲層，濕黏的天氣。
太陽的笑，我看不見。
厚重的課本，沉悶的課堂，沉重的睡意，老師的話語，超度的道語。
周公的呼喚，擋不住的吸引。

幸福

幸福——是一種空氣，
你呼吸著它卻意識不到它的存在，
你正在呼吸嗎？
是的……
那你是「幸福」的了！

劉麗萍（護理）

戀　愛

劉麗萍（護理）

左心戀著右心，右心思念你，
左腦想著右腦，右腦思念你，
左腳跟隨著右腳，右腳思念你。

武器・高跟鞋

郭憶萱（幼保）

一雙美麗的高跟鞋是上職場的作戰武器
三吋高跟鞋是女人暗自長高的秘密武器
銀色高跟鞋用力踩地是女人生氣時的聲響武器
細跟高跟鞋或許不善於逃命，卻是攻打壞人的最佳武器
名牌高跟鞋是戰爭中最礙手礙腳的武器
——不如脫下它，逃命吧！

手

郭憶萱（幼保）

胎兒在超音波裡活動的手是動物奧妙的生命
嬰兒在襁褓中揮動的手是人類活動力的表徵
幼兒在生活中活動的手是摸索陌生環境的觸探器
小的、大的、細的、粗的、短的、長的
那是溫暖的、心安的、愉悅的手
——一起牽手吧！

世界的角落

劉昱涵（護理）

我的心在街上飛散
記憶的羽毛也落入凡間
世界的角落缺少了愛
一個擁抱的距離
冗長的文字
只會讓本意越走越遠
我也就那麼的鬆了　手
只看到了一個擁抱的原理

夏

劉昱涵（護理）

蟬的奏鳴曲
訴說生命不盡的熱力
飛落不停的雨
沖去無奈、窒悶與憂鬱
刺眼陽光
讓一切遠的近的大的小的充滿希望

寄託

曾莉雅（護理）

（一）

落葉是我思念的寄託
乘著風兒
四處飄送

（二）

天上的星星是我思念的寄託
閃著動人的光芒
有如我晶瑩的眼眸

水紋

歐長禧（護理）

（一）

孩子像石頭一樣輕易引發母親心湖上的水紋
那水紋是母親對孩子無盡的愛的延伸

（二）

一圈圈散開的水紋訴說著孩子對母親的感激
散到看不見水紋的地方是孩子期待再與母親相聚的下輩子

心

陳珮玟（幼保）

交通是擁擠的
行人是匆忙的
喇叭是亂鳴的
而我心中的天是淡藍色的

漣漪

吳若瑜（護理）

河流一次的悸動
慢慢泛起輕輕的水波
漸漸收起淺淺的笑容
深深的
悄悄的
被小河收藏在心中

曾經

李幸庭（幼保）

回味著以往的酸甜
像蝴蝶一般
在春天身邊飛繞著

心靈

盧佳佑（護理）

那是人煙枯盡的沙漠
還是綠洲邊緣的海市蜃樓？
到底我們都在尋找什麼？
希望，期待？
還是燦爛中瞬間那一抹？

眷戀

賴虹樺（幼保）

就像咖啡跟奶精
月亮跟星星
沙灘跟比基尼
就像手機要充電
蛋糕要加糖
海裡不能沒有貝殼

春節

沈佳蓉（護理）

穿著大紅大紫
給予每個人快樂的蘋果
帶來了希望的種子

尋覓

林亭誼（幼保）

靜止於此
一絲一毫都不動搖
繫上相思
每一分一秒都在祈禱

人生

張瑋珊（幼保）

播放中的電影
暫停是個故障的鍵

雪

嚴姿涵（護理）

潔白的棉花糖　純白的新娘嫁紗
入口即化的糖　美麗的結晶
單純的愛戀　單純的幸福

暗戀

林芷儀（幼保）

你有點奇怪，誘我研究
為什麼沒事就在我身邊東望西望
視線總是落在我左右
不過，喜歡你看我的傻樣子
期待你接近的腳步
還要我等多久？告白的日子

驕傲的孔雀

林維儀（護理）

展翅欲飛
你不能決定風的方向
天堂不知道在咫尺或天涯
理想卻一定藏在
狂風巨浪後

眼淚逆風而逝
帶著冒險的心
滿身荊棘造成的傷痕
旅途疲憊
你仍然是驕傲的戰士
不需祝你一路順風

只希望
狂風暴雨後
你一身彩色舞衣
……美麗如昔

感覺

郭美真（幼保）

夜　如此安靜
似乎有一絲聲響就不再完美
天　如此蔚藍
如有一絲烏雲就破壞一切
我站在廣大草原　傾聽自然聲音
看小草隨風搖曳　花朵用力綻放
不起一絲征服的念頭

折翼

黃茹莠（幼保）

天空的罪人
望向遠方　找尋一段不變的永恆
背負沉重的哀傷
帶著一雙折斷的羽翼

不知光芒是什麼？不知希望是什麼？
破碎的靈魂
無盡的痛苦
毫不猶豫地墜落

任憑昇起的太陽　溶化碎片

海天一線，詩心萬千

新詩寫作班

◎按左鍵一下超連結，接起兩端天地
何須相識？（幼保　陳芃妍）

◎天把海放在心中，地把海放在腦中
不需言語，就可明瞭彼此的愛意！（幼保　陳芃妍）

◎兩片藍色交會的臨界線
卻是最模糊的終點（護理　吳若瑜）

◎時間的平行線不斷向左右延伸
而我向前後進退觸摸不著（護理　吳若瑜）

◎望著軌道
怎麼始終等不到火車的身影？（護理　歐長禧）

◎當年達摩搭乘的蘆葦還漂浮在海上

達摩，人呢？（護理 歐長禧）

◎

那幻化成泡沫的美麗船影

消逝在海中？還是空中？（護理 曾莉雅）

◎

夜裡，自天邊隕落的星兒

更為大海增添了一股神祕的氣息（護理 曾莉雅）

◎

那是一條通訊之路

貝殼——大海的耳朵在遠遠的兩頭（護理 劉昱涵）

◎

窗簾軌道

誰佈置了深藍色的布幔，隨風微微而動（護理 劉昱涵）

◎

雪白的雲的捲髮，藍色刺青的海的額頭之間

那是地球智慧的髮線（護理 劉昱涵）

◎

走在那平衡木上

若是跌倒了，會往天上飛還是海裡游呢？（幼保 郭憶萱）

◎

站上那一條線

天空畫布可以繪出屬於我們的彩色世界（幼保 郭憶萱）

◎

一條直長的麻繩

兩頭馬力也無法將它拆散（護理 楊于萱）

◎輕輕顫動那木棒
也能成為動人的扇子，習習生風嗎？（護理　楊于萱）

◎那麼長的線
是否能連接你我的心思呢？（幼保　陳姿樺）

◎這麼大的路標
要想迷路也不容易了！（幼保　陳姿樺）

◎母與子的哺乳之情，豈能說斷就斷？
只是海生養著天，還是天照顧著海？（護理　袁育寧）
人生的道路如果也拉得這樣長
是彎還是直呢？（護理　袁育寧）

◎細長的電話線
聯繫著男女間難分難捨的情感（護理　沈佳蓉）

◎衣服和鈕子是靠線縫合而成
那麼長的一根線到底要縫合什麼？（幼保　李幸庭）

◎海要到什麼時候
才能擁抱藍天？（幼保　簡燕鈴）

◎細長那條線

◎把高山變矮了！（幼保　江欣儀）

◎天地之間相隔只那條線
各有各的舞台，各自扮演著不同的戲（幼保　江欣儀）

◎飛機劃過天際
留下一道雪白的痕跡（幼保　林亭誼）

◎我試著走遍，看那因距離而形成的平行線
能否多些交集？（幼保　林亭誼）

◎緊緊相連密不可分的親密愛人
看似近在眼前，卻又那樣遙不可及（幼保　陳珮玟）

◎如果說思念變成一片汪洋，
想你的心是否跨得過那條線？（幼保　蘇怡華）

◎只要伴隨
何必相交？（幼保　蘇怡華）

◎海浪追趕著
趕著把衣服晾在天空中那條線上（幼保　蘇怡華）

◎釋放溫暖的太陽，是海與天的聯繫
是遠？是近？他也理不清頭緒（幼保　張瑋珊）

輯六　我們就在光之中

緣起，會從什麼樣的年代，
怎樣的一滴水開始，
我們無從知悉。
緣起不滅，那樣的絲絲縷縷，
會織造什麼樣的紋理，什麼樣的錦繡？
或者，僅僅是一縷孤單擺盪的魂魄，仍然等待另一縷糾纏？
我們也無從估量。
在弘光，我們其實只需審視光從哪裡來，
我們要將這樣的光帶向哪裡，
或者，僅僅需要感知我們就在光之中，
所有的因、緣，就像所有的溫度，
讓他自自然然去蔓、去傳、去薰染。

生命裡的光影閃爍

因著什麼，緣著什麼，我們看見生命裡的光影閃爍。這裡的「什麼」，是不可知的、不特定的某些事物。而且，真的不可確知，不能確定。甚至於，連以上這六十個字元，也一樣不可確知，不能確指：會發展出什麼樣的光或影，這樣的光或影又會如何或閃或爍？

一粒種子如何成爲一粒種子，是一段漫長的故事。這一粒種子，在我們的注視下，植入泥土中，會因爲什麼樣的光、影，結成什麼樣的花、果，仍然是一段漫長的故事，而且，在我們的視野之外繼續糾纏其他的光影、其他的花果、其他的故事。

如何數說佛教的因緣？在以前，我們會覺得不可思議，不知從何說起，但在今日網路四通八達的情境裡，我們不是一探可取，一想就通了？

美國康乃爾大學理論暨應用力學博士，哥倫比亞大學社會學助理教授鄧肯・華茲（Duncan J. Watts）的《六個人的小世界》（SIX DEGREES: The Science of a Connected Age，大塊文化出版）告訴我們，地球上的人們，無論時空距離相隔多遠，語言、文化差距多大，彼此之間只被六個人隔絕。反過來說，花蓮與大連或新德里與六張犁，兩個毫不相干的人之間，只需透過六個人即可相互聯繫，產生關係。這就是所謂的小世界理論（Small World Theory）。

所以，頂多因著六個人，緣著六項事物，我們就可以跟世界的任何角落相會通。哲理上，孔子說：吾道一以貫之，是不是也可以用這種方法來理解？若是，我們不知道誰是「德侔天地」的那個人，也不能確知誰是「道冠古今」的或人，但是，要使自己「道貫古今」，似乎也就沒有那麼困難了！也不過是：找到那六道「隔絕」而已。

當然，那六道「隔絕」可以近、薄如紗，可以遠、重如山，那就是「故事」有趣的地方了！

二〇〇五年的春天我會在弘光的櫻花大道上多次出現，邀約了蘇紹連、路寒袖、沈志方談文論詩，其實就是這樣因著、緣著某些事物，匯聚、調和而成。最初是因爲二十多年前我在再興的學生林繼柏的一通電話，說起弘光通識中心正要執行的一個「駐校文學家」專案，希望我能幫忙，剛好我下學期的課程可以空出一個下午，如此一談，就有了一個好的開頭。巧的是，往前推，我大嫂曾經兩次跟我提及中部一所以醫護爲重心的大學，是她朋友的父親創辦的，實習旅館完善，校園規劃妥切，辦學用心，大嫂每次談起總是嘖嘖稱奇，她說的正是弘光科技大學。多少年來，從未有人跟我提及「弘光」兩字，卻在相近的時間裡，三番兩次在耳邊響起，彷彿是一種遙遠的呼喚逐漸清晰，因而逐漸親切。

想想，二十多年前，我和繼柏會知道多年後的這種因緣嗎？大嫂說我們兩家去台中度假，就進住弘光實習旅館的浪漫想法，此後的四個月之間，竟然是以另一種方式實現！這是我們不論如何都無法預知的因緣。

那時我想到的是，弘光座落的是台中縣市交界的大肚山，沙鹿鎮轄區，因此應該與在地詩人結合，促成沙鹿地區的文藝復興。早期以超現實手法寫作散文詩的蘇紹連，是當前數位詩創作量最多、最優的高手，就是從未離開沙鹿的在地詩人，怎能不請他到弘光倡導數位詩之美，共襄盛舉？沙鹿之北是清水、大甲，往南是彰化，都是大肚山弘光校園可以俯瞰的濱海鄉鎮，媽祖、鰲峰、大甲詩人路寒袖、芳苑詩人愚溪、高美濕地……這些人文、地文都是弘光的因緣，如何在短短四個月駐校期間結織爲綿密的網？我與弘光主事的教授群洪靜芳、蔡君逸、徐靜莊討論後，一起往這個方向思考，不論是對談、詩展、徵文，都以弘光爲中心作扇形擴展，繫連起相關的因緣，這些因緣是我可以擴張的文學因緣。

只是，我仍然忽略「大肚山」與「大度山」之間有著太多的情感牽繫，洪靜芳等弘光教授幾乎來自大度山的東海，所以，臨時邀請他們的老師、我的老友詩人沈志方參與「藝文沙龍」，師生情分，詩人情誼，都從漫談中獲得滋潤與滿足，這又是另一種因緣。

緣起，會從什麼樣的年代，怎樣的一滴水開始，我們無從知悉。

緣起不滅，那樣的絲絲縷縷，會織造什麼樣的紋理，什麼樣的錦繡？或者，僅僅是一縷孤單擺盪的魂魄，仍然等待另一縷糾纏？我們也無從估量。

甚至於，這樣的因緣其實還可以伸張到我的少年時期，遠房伯母切除脖子上甲狀腺腫脹的遙遠記憶，模糊的沙鹿光田醫院印象。

因緣，就這樣在生命中因著、緣著、蔓生著。

生命，就因爲不知道今天的因緣會蔓生爲明日的什麼瓜果，更加令人珍惜。

高空裡的光影閃爍

一片紅花倏地站立在你的面前。

這是弘光最震懾的美。只要是元月末到四、五月間來到弘光，總有人跟你津津樂道「櫻花大道」的盛景，即使錯過了最盛大的場面，也可以從枝頭猶存的幾瓣紫紅色的花片中想像花海振蕩的盛況。

進入弘光，繞行一周，一定是從六點鐘的方位進入，順時鐘方向往山坡挺進，到達最高點的體育場再由東坡出校門。兩排羊蹄甲亭亭站立，彷彿夾道歡呼的「櫻花大道」，就在六點鐘與十二點鐘這一側，從進入校門的那一秒開始，你必須仰望，羊蹄甲紫紅色的花海就從山頭傾瀉而下，毫不吝惜。羊蹄甲的葉片就像羊的腳蹄，因而得名，花形卻又像嘉德麗亞蘭，花瓣五片，倒卵形，靠近枝枒的花瓣稍寬，與其旁的花瓣交疊呈現，屬於總狀花序，花色淡紅到紫紅，靠近花瓣基部的地方有著暗紫色的斑紋，雌蕊居中抽長，雄蕊五枚拱衛著她，近看、細看，變化最多、最耐看的地方就是這裡。不過，一般人都被花瓣的豔麗所震懾，無暇細細欣賞這份妖嬌、娉婷之美。

這種火紅的震懾，花期拉得很長，因爲除了羊蹄甲之外，弘光校園還大量栽植洋紫荊、豔紫荊，特別是豔紫荊，花瓣一樣是倒卵形，紫紅色，雄蕊一樣五枚，要不是她的花瓣五片如張開的手指各自分開，幾乎無法與羊蹄甲分得清楚，有人說豔紫荊有可能是羊蹄甲與洋紫荊天然雜交的新品種，在羊蹄甲還未開花的十一月至二月間，她已張開豔麗的紫紅旗幟，爲羊蹄甲的盛宴在暖身了！

問題是：明明種的是羊蹄甲、豔紫荊的花樹，我問介紹這些樹種的徐靜莊教授，爲什麼弘光人卻說這是「櫻花大道」？

她說：羊蹄甲花形很像嘉德麗亞蘭，有人稱之爲蘭花木。羊蹄甲花色殷紅，花期在冬春之際，總是樹葉落盡之後才滿樹放紅，所以也有人稱之爲「南洋櫻花」，可以跟東洋櫻花相媲美，所以，「櫻花大道」就這樣響亮起來。

站在校門口，不經意的一瞥，羊蹄甲就這樣放肆地「立體」在你的眼前，你不能不仰望，不能不仔細瞡視這高空裡的光影閃爍，而且，快樂地進入光影裡。

如果走上校史館頂樓，弘光的天空，更高的上空，其實還有另一種光影閃爍，那是清明節前後南路鷹盤旋的景觀。

南路鷹的正確名字是「灰面鵟鷹」（Gray-face Buzzard Eagle），牠們在春季北返或是南遷渡冬時，會兩度逗留台灣，春季北返的路線是由菲律賓北部海島進入台灣，沿中央山脈稜線遷移，先通過嘉義阿里山、南投竹山、雲林林內一帶山區，最後部分經由八卦山、大肚山、鐵砧山北返。《臺灣通史》記載：「每年清明有鷹成群，自南而北，至大甲溪畔鐵砧山聚哭極哀，彰人稱爲南路鷹」。由東南方飛來，所以稱爲南路鷹，其時又值清明節前後，小時候我們家鄉人也有稱牠們爲「清明鳥」、「培墓鳥」，好像牠們也有孝心，知道慎終追遠似的。這種「灰面鵟鷹」，台灣東部的人稱爲「後山鳥」或「山後鳥」；南遷渡冬時，棲息在屏東滿洲鄉一帶，被稱爲「滿洲鷹」；在弘光天空、後山盤旋時，仍然被稱爲「南路鷹」。

「南路鷹，一萬死九千」，是我們小時候常聽到的單句念謠，從南方飛來的這些灰面鵟鷹，在生態保育觀念不足的年代，常常傷亡大半，如今生態教育改善，可惜鳥類的棲息地嚴遭破壞，仍然需要南路鷹北返所經過的地區居民，付出關心。幾次住在弘光校園時，看他們舉辦「鷹揚弘光」南路鷹觀察記錄研習營的熱忱，我相信這些高空裡的閃爍光影，會得到這所以生命教育爲主軸的大學所有師生的細心呵護，年年光影閃爍，就如施昭儀教授所寫的〈寄語弘光有情天〉：「明年我還會來留下我平安的訊息」：

〈寄語弘光有情天〉

施昭儀

一隻灰面鵟鷹在青藍的天空盤旋
那是祖先的交代
我必得在弘光的後山林
留下些我還平安的訊息

一陣仗的南路鷹在昏黃的天空翱翔
那是祖先留下來的傳承
我們必得在鴨知水暖的三月天裡
和弘光的舊老
一起歌唱春天早已到了
一群灰面鷲在霧露初滴的黎明
那是祖先延續子孫的叮嚀
我們必得趕在氣流匯聚
乘風而行
再會吧！再會吧！
明年我還會來留下我平安的訊息
再會吧！再會吧！
明年我還會來留下我平安的訊息

六路里的光影閃爍

可惜，我在弘光的時間不長，來去總是匆匆，雖然見識了高空裡的光影閃爍，卻不曾親臨從高樓可以遠眺的高美濕地，仔細審視濕地裡閃爍的光影。我錯過的事物一定還很多，譬如護理科系的同學如何細膩照護病患，幼保系如何爲嬰孩洗澡、更衣。餐旅系的麵包、料理，我曾品嚐，但我更想親眼目睹植物變成食物的魔術歷程，那會給人生更多的啓發。

或許，我們相聚的緣分僅僅只有一學期，但是，盤根錯節的糾繞因緣，沒有人知道會在哪裡顯現另一段故事，不期，才會偶遇吧！

在讀書會中，我們讀簡媜的《天涯海角》、蕭麗紅的《千江有水千江月》、日人壽岳章子的《千年繁華》、韓人金基德、金汶映、安勝熙的《春去春又來》，我們共同看見了人生太多不同的切面，但是弘光年輕同仁給我的啓發，往往也讓我沈思良久。譬如閱讀《千年繁華》時，我找來「靜、淨、安、穩、老、舊、定」等字，讓大家思考，憑以發言，徐靜莊卻跳出這些框架，自己提出一個「雅」字敘說，一個「雅」字不是更能含括古都風華？當我因爲此字而沈思、讚嘆時，蔡君逸卻說：千年繁華是京都的千年繁華，我讀的時候心境淡漠，那不是我們的千年繁華。因爲他想起了南京大屠殺、台灣被殖民的苦難、僞滿州國的活人實驗，令人憤怒呵！豈能安？豈能靜？令人髮指呵！怎麼會是雅？這是相對的另一面，這短短的兩句話，短短的百年歷史，幾乎讓我不知道如何繼續說千年的時光，令人懷疑的繁華！再如欣賞《春去春又來》的電影時，總會有一條蛇適時出現在佛經、僧衣旁，爲什麼呢？有人輕輕問起，我心虛地說：會不會是人性之惡隨時存在的一種象徵？洪靜芳說：不無可能，但她最近讀過的日本文學作品提到，蛇是日本土地的守護象徵，似乎可以從這方面思考。這時，我真的發現人生有著太多不同的切面，太多閃爍的光影。

這些閃爍的智慧光影，在大肚山腰的六路里不停發光。

還有一些我所不知的智慧光影也在閃爍。

在弘光，我們其實只需審視光從哪裡來，我們要將這樣的光帶向哪裡。

或者僅僅需要感知我們就在光之中，讓所有的因、緣，就像所有的溫度，自自然然去蔓、去傳、去薰染。

【附錄一】

九十三學年度弘光科技大學【駐校文學家】系列活動

一、詩的視聽展覽

1. 駐校文學家蕭蕭先生書目及圖書展　圖書館　九十四年二月二十一日至三月二十一日
2. 駐校文學家蕭蕭先生詩作展　弘光藝廊　三月一日至三月三十一日
揭幕式：三月一日下午三點
3. 愚溪詩樂展　視聽教室　四月一日至四月三十日
4. 蘇紹連數位詩作展　視聽教室　五月一日至五月二十七日
5. 路寒袖歌詩展　視聽教室　六月一日至六月二十一日
6. 詩作海報設計獲獎作品展　弘光藝廊　六月一日至六月二十一日

二、詩的演講與對話

1.第一場：奇詩欣賞與創作

九十四年三月十五日（週二）下午三點到四點三十分

2.第二場：如何講授一首現代詩

四月二十一日（週四）下午三點到四點三十分

3.第三場：與沙鹿詩人有約——蕭蕭與蘇紹連的對話

五月三日（週二）下午三點到四點三十分

4.第四場：與大甲詩人有約——蕭蕭與路寒袖的對話

六月二日（週四）下午三點到四點三十分

三、文學讀書會

1.第一場：簡媜《天涯海角》（聯合文學，二〇〇二）

九十四年三月二十九日（週二）下午三點到四點三十分

2.第二場：蕭麗紅《千江有水千江月》（聯合文學，二〇〇二）

五月十日（週二）下午三點到四點三十分

3.第三場：壽岳章子《千年繁華》（馬可孛羅，二〇〇三）

五月三十一日（週二）下午三點到四點三十分

4.第四場：金基德、金汶映、安勝熙《春去春又來》（木馬，二〇〇四）

六月七日（週二）下午三點到四點三十分

四、新詩寫作班

1.研習日期：九十四年三月十日、三月二十四日、四月七日、四月十四日、五月十日、五月二十六日。

2.研習時間：（週二或週四）下午三點到五點

3.研習地點：L二〇九

4.研習成果結集成書，九月出版。

五、藝文沙龍時間

1.藝文沙龍：採開放式，不設定主題，同學可以親近駐校作家，閒話藝文家常。

2.沙龍時間：九十四年三月一日、三月二十九日、五月十日、五月三十一日、六月七日等週二晚上六點三十分至八點三十分。

3.沙龍地點：六路實習旅館會客室

六、習作門診時間

1.習作門診：採開放式，不限定文類，同學可以親近駐校作家，請求批改作品。
2.門診時間：九十四年三月十五日、三月二十九日、五月三日等週二晚上七點至九點。
3.門診地點：六路實習旅館會客室

七、散文主題徵文

1.徵文主題：我們就在光之中
2.徵文日期：九十四年二月二十一日至四月三十日
3.徵文辦法：另定
4.每類主題選取最優三名，與蕭蕭先生作品共同結集成書，九月出版，發行全國。

八、新詩海報設計徵稿

1.徵稿主題：自選詩作一篇，依詩作內容設計海報，平面立體不拘。
2.徵稿日期：九十四年五月一日至五月二十日
3.徵稿辦法：另定
4.新詩海報設計獲獎作品將於弘光藝廊展出（六月一日至六月二十一日）。

九、蕭蕭作品心得寫作

1.請就下列三書，選擇一冊，仔細閱讀後，撰寫心得報告：
《蕭蕭・世紀詩選》（爾雅出版社）
《四十七歲的蘇東坡四十七歲的我》（爾雅出版社）
《台灣新詩美學》（爾雅出版社）

2.字數：一千字

3.日期：九十四年五月六日以前

十、成果發表會

1.成果發表會：六月十七日下午三點到四點

2.徵文及詩作寫作成果專集出版：九十四年九月

大學駐校文學家活動表

蕭蕭書展(圖書館大廳)	蕭蕭詩畫展(藝術走廊)	愚溪詩樂展	蘇紹連數位詩作展	路寒袖詩歌展	詩作海報設計展(圖書館大廳)	散主題徵文	新詩海報設計徵稿
2/21	3/1 始					2/21 始	
3/21 止							
	3/31 止	4/1 始					
		4/30 止	5/1 始			4/30 截止稿	5/1 始
			5/27 止				
							5/31 截止徵稿
				6/1 始	6/1 始		
				6/21 止	6/21 止		

【附錄二】

九十三學年度弘光科技

日期 94年2月至6月	詩的演講與對話 3:00~4:30 ★學生3次(L棟B2) ☆老師1次(L502)	文學讀書會4次(L棟B2小型演講廳)(L209)	新詩寫作班 6 次(L201)	新詩門診(旅館客廳)	文藝沙龍(旅館客廳)
3月 1日(二)					
3月 10日(四)			V		
3月 15日(二)	★奇詩欣賞與創作			V	
3月 24日(四)			V		
3月 29日(二)		簡媜《天涯海角》		V	
4月 7日(四)			V		
4月 14日(四)			V		
4月 21日(四)	☆如何講授一首現代詩				
5月 3日(二)	★與沙鹿詩人有約—蕭蕭與蘇紹連的對話			V	
5月 10日(二)		蕭麗紅《千江有水千江月》			V
5月 12日(四)			V		
5月 26日(四)			V		
5月 31日(二)		壽岳章子《千年繁華》			V
6月 2日(四)	★與大甲詩人有約—蕭蕭與路寒袖的對話				
6月 7日(二)		金基德、金汶映、安勝熙《春去春又來》			V
6月 17日(五)	成果發表會				

【附錄三】

蕭蕭（蕭水順）書目

著作書目

一、現代詩集

1.《舉目》：彰化，大昇出版社，一九七八年六月，三十二開，一一〇頁。
2.《悲涼》：臺北，爾雅出版社，一九八二年一月，三十二開，一七四頁。
3.《毫末天地》：臺北，漢光文化公司，一九八九年七月，二十五開，一一六頁。
4.《緣無緣》：臺北，爾雅出版社，一九九六年三月，三十二開，一六九頁。
5.《雲邊書》：臺北，九歌出版社，一九九八年七月，三十二開，二一〇頁。
6.《皈依風皈依松》：臺北，文史哲出版社，二〇〇〇年二月，二十五開，一九二頁。
7.《凝神》：臺北，文史哲出版社，二〇〇〇年四月，二十五開，一五二頁。
8.《蕭蕭・世紀詩選》：臺北，爾雅出版社，二〇〇〇年五月，二十五開，一八〇頁。

9.《我是西瓜爸爸》：臺北，三民書局，二〇〇〇年九月，十八開，六十四頁。

10.《蕭蕭短詩選》（中英對照）：香港，銀河出版社，二〇〇二年六月，四十開，六十四頁。

二、散文集

1.《流水印象》：彰化，大昇出版社，一九七六年五月，三十二開。

2.《美的激動》：臺北，蓬來出版社，一九八一年二月；臺北，文鏡公司，一九八五年。

3.《來時路》：臺北，爾雅出版社，一九八三年一一月，三十二開，二三六頁。

4.《太陽神的女兒》：臺北，九歌出版社，一九八四年十月，三十二開，二四〇頁。

5.《稻香路》：臺北，九歌出版社，一九八六年五月，三十二開，二三九頁。

6.《感性蕭蕭》：臺北，希代出版社，一九八七年四月，新二十五開，三二四頁。

7.《與白雲同心》：臺北，九歌出版社，一九八八年九月，三十二開，二二四頁。

8.《一行二行情長》：臺北，漢光文化公司，一九八九年四月，二十五開，二一九頁。

9.《測字隨想錄》：臺北，合森文化公司，一九八九年九月，新二十五開，一四〇頁。

10.《字字玄機》：臺北，健行文化出版公司，一九九〇年八月，新二十五開，一七四頁。

11.《神字妙算》：臺北，漢藝色研公司，一九九〇年八月，二十五開。

12.《八字看平生，一字透玄機》：臺北，健行文化出版公司，一九九一年二月，新二十五開，一九二頁。

13.《忘憂草》：臺北，九歌出版社，一九九二年三月，三十二開，二二八頁。

14.《每一滴水都有他自己的聲音》：臺北，耀文圖書公司，一九九二年十月，二十五開，一六六頁。

15.《站在尊貴的窗口讀信》：臺北，九歌出版社，一九九三年十月，三十二開，二三六頁。

16.《四十七歲的蘇東坡，四十七歲的我》：臺北，爾雅出版社，一九九四年六月，三十二開，一六八頁。

17.《禪與心的對話》：臺北，九歌出版社，一九九五年三月，三十二開，二〇四頁。

18.《心中升起一輪明月》：臺北，九歌出版社，一九九六年四月，三十二開，二五〇頁。

19.《詩人的幽默策略》：臺北，健行出版社，二〇〇〇年三月，新二十五開，二〇〇頁。

20.《父王．扁擔．來時路》：臺北，爾雅出版社，二〇〇一年十二月，三十二開，二六二頁。

21.《詩話禪》：臺北，健行出版社，二〇〇三年三月，新二十五開，一九八頁。

22.《暖暖壺穴詩》：臺北，紅樹林文化，二〇〇三年四月，二十五開，一六〇頁。

三、評論集

1.《鏡中鏡》：臺北，幼獅文化公司，一九七七年四月，三十二開，二九一頁。

2.《燈下燈》：臺北，東大圖書公司，一九八〇年四月，二十五開，二六一頁。

3.《現代詩學》：臺北，東大圖書公司，一九八七年四月，二十五開，五一二頁。

4.《現代詩縱橫觀》：臺北，文史哲出版社，一九九一年六月，二十五開，四二六頁。
5.《從鍾嶸詩品到司空詩品》：臺北，文史哲出版社，一九九三年二月，二十五開，二五五頁。
6.《現代詩廊廡》：彰化，彰化縣立文化中心，一九九三年六月，二十五開，一八一頁。
7.《雲端之美，人間之真》：臺北，駱駝出版社，一九九七年三月，二十五開，二八八頁。
8.《台灣新詩美學》：臺北，爾雅出版社，二〇〇四年二月，二十五開，四七四頁。

四、賞析教學類

1.《青紅皂白——中國古典詩中的色彩》：臺北，故鄉出版社，一九七九年；臺北，月房子出版社，一九九四年一月，三十二開，二〇二頁。
2.《現代詩導讀——導讀篇一》（與張漢良合編）：臺北，故鄉出版社，一九七九年十一月，二十五開，三一二頁。
3.《現代詩導讀——導讀篇二》（與張漢良合編）：臺北，故鄉出版社，一九七九年十一月，二十五開，三〇八頁。
4.《現代詩導讀——導讀篇三》（與張漢良合編）：臺北，故鄉出版社，一九七九年十一月，二十五開，三〇八頁。
5.《現代詩導讀——理論篇》（與張漢良合編）：臺北，故鄉出版社，一九七九年十一月，二十五開，四六一頁。

6.《現代詩導讀——批評篇》（與張漢良合編）：臺北，故鄉出版社，一九七九年十一月，二十五開，四七一頁。
7.《中學白話詩選》：臺北，故鄉出版社，一九八〇年四月，三十二開，三六五頁。
8.《現代詩入門》：臺北，故鄉出版社，一九八二年二月，三十二開，三一一頁。
9.《感人的詩》：臺北，希代出版社，一九八四年十二月，二十五開，二九二頁。
10.《青少年詩話》：臺北，爾雅出版社，一九八九年一月，三十二開，一六一頁。
11.《現代詩創作演練》：臺北，爾雅出版社，一九九一年七月，三十二開，二三五頁。
12.《新詩三百首》：臺北，九歌出版社，一九九五年九月，二十五開，一三四八頁。
13.《詩從趣味始》：臺北，幼獅文化公司，一九九七年八月，二十五開，二〇九頁。
14.《現代詩遊戲》：臺北，爾雅出版社，一九九七年十一月，三十二開，二一七頁。
15.《中學生現代詩手冊》：台南，翰林出版公司，一九九九年九月，二十五開，三三四頁。
16.《中學生現代散文手冊》：台南，翰林出版公司，一九九九年九月，二十五開，三〇四頁。
17.《蕭蕭教你寫詩．爲你解詩》：臺北，九歌出版社，二〇〇一年六月，三十二開，二三八頁。
18.《新詩讀本》：臺北，二魚文化公司，二〇〇二年八月，二十五開，四九一頁。
19.《新詩體操十四招》：臺北，二魚文化公司，二〇〇五年五月，二十五開，二一四頁。

編選書目

1.《現代名詩品賞集》：台北，聯亞出版社，一九七七年五月，三十二開。
2.《中國當代新詩大展》三冊（與向陽、陳寧貴合編）：台北，德華出版社，一九八一年六月，三十二開。
3.《七十年散文選》：台北，九歌出版社，一九八二年，三十二開。
4.《奔騰年代—今生之旅之三》：台北，故鄉出版社，一九八三年十月，三十二開。
5.《歸根時候—今生之旅之四》：台北，故鄉出版社，一九八三年十月，三十二開。
6.《七十二年詩選》：台北，爾雅出版社，一九八四年三月，三十二開。
7.《七十三年散文選》：台北，九歌出版社，一九八五年三月，三十二開。
8.《鼓浪的竹筏》：台中，晨星出版社，一九八七年四月，三十二開。
9.《七十六年散文選》：台北，九歌出版社，一九八八年二月，三十二開。
10.《七十八年詩選》：台北，爾雅出版社，一九九〇年二月，三十開。
11.《詩魔的蛻變—洛夫詩作評論集》：台北，詩之華出版社一九九〇年四月，二十五開。
12.《七十九年散文選》：台北，九歌出版社，一九九一年二月，三十二開。
13.《八十二年散文選》：台北，九歌出版社，一九九四年四月，三十二開。
14.《詩癡的刻痕—張默詩作評論集》：台北，文史哲出版社，一九九四年九月，二十五開。

15.《詩儒的創造——痖弦詩作評論集》：台北，文史哲出版社，一九九四年九月，二開。
16.《半流質的太陽》（與張漢良合編）：台北，幼獅文化事業公司，一九九四年，二十五開。
17.《預約一個亮麗的生命》：台北，幼獅文化事業公司，一九九四年，新二十五開。
18.《永遠的青鳥——蓉子詩作評論集》：台北，文史哲出版社，一九九五年四月，二十五開。
19.《八十五年散文選》：台北，九歌出版社，一九九七年四月，三十二開。
20.《八十五年詩選》（與余光中合編）：台北，現代詩季刊社，一九九七年六月，二十五開。
21.《黃衫客——景美女中文學選集》：台中，文學街出版社，一九九八年，二十五開。
22.《千針萬線紅書包》：台北，幼獅文化事業公司，一九九九年，新二十五開。
23.《天下詩選》二冊（與痖弦、張默合編）：台北，天下遠見出版公司，一九九九年九月，二十五開。
24.《八十九年詩選》：台北，台灣詩學季刊社，二〇〇二年五月，二十五開。
25.《飛翔的姿勢》：台北，幼獅文化事業公司，二〇〇三年四月，二十五開。
26.《壓力變甜點》：台北，幼獅文化事業公司，二〇〇四年五月，二十五開，一六〇頁。
27.《台灣現代文選》（與向陽、林黛嫚合編）：台北，三民書局，二〇〇四年五月，十八開，四〇九頁。

28.《與自然談天：生態文集》：台北，幼獅文化事業公司，二〇〇四年十月，二十五開，一七六頁。
29.《開拓文學沃土》：台北，聯合文學出版社，二〇〇五年三月，二十五開，二四〇頁。
30.《攀登生命巔峰》：台北，聯合文學出版社，二〇〇五年三月，二十五開，三二〇頁。
31.《台灣現代文選．散文卷》：台北，三民書局，二〇〇五年六月，十八開，二八一頁。
32.《我們就在光之中——弘光科大詩文集》：台北，文史哲出版社，二〇〇五年九月，二十五開。

後記

駐校文學家活動後記

徐靜莊

九十三學年度第二學期推行的「駐校文學家活動」，已經圓滿的結束。「圓滿」二字雖然是落入了樣板文章的窠臼，但是回顧這一學期，從籌備、推動、執行到詩文集的出版，莫不是集結了眾人的力量，才能使這一場豐富的文學盛宴，精彩的登場，提供多樣的創作與欣賞方式，最後餘意不盡，令人回味。所有參與人員的通力合作，成就了這場筵席，「圓滿」二字雖是俗字卻是真實的吧！

第一次的電話連繫，詩人散文家蕭蕭即慨然應允擔任弘光駐校文學家，當下感受到老師無比的熱忱。春節前，蔡君逸老師、洪靜芳老師和我，造訪蕭蕭老師台北的住所，老師爲我們籌劃了四場的演講座談、書畫展與詩樂展、主題徵文競賽及詩歌海報競賽、四場讀書會、新詩寫作班、文藝沙龍、新詩門診等活動。走出蕭蕭老師家，我們不免思索著，這一份紮紮實實、豐富多樣的駐校文學家活動，具有學習與欣賞的深度，不僅流露著蕭蕭老師的活力與熱忱，豐富教學經驗的累積，也是一種積極的處世態度，令人非常敬仰與珍惜。

開學後，所有的活動陸續開始，感謝校長與主任祕書大力支持，國文老師在課堂上不遺餘力推動、鼓勵，通識中心同仁們的協助配合。蕭蕭老師奔波於台北、台中、彰化之間，相當辛勞，但是老師和師母總是執手偕行，互相扶持，成爲校園中令人印象深刻的儷影，老師與師母平易謙遜、熱情質樸的風格，成爲整個文學盛會的源動力，使弘光校園呈現了一幅文學春天的繁景，弘光師生們對這一份情誼，深表感謝。

學生們也發現，原來，「文學家」並不是那麼的遙不可及，原本好奇陌生或是一些戰戰兢兢的心情，在蕭蕭老師高妙的教學技巧及輕鬆幽默的談吐中，完全得到釋放，老師長年累積的教詩、寫詩、評詩的涵養，深深吸引著同學們的興趣；每次的演講、座談和讀書會的主題，都會引起學生們事後在課堂上的回響。週二晚間是文藝沙龍與新詩門診的時間，蕭蕭老師進駐本校六路里實習旅館，和學生老師們對談，天南地北，隨意盡興，蕭蕭老師並且邀請詩人沈志方、蘇紹連、黃明德、路寒袖參與詩文座談與文藝沙龍，爲活動增加了許許多多的光彩。

這一本詩文集，包括了蕭蕭老師的大作、弘光老師的創作、新詩寫作班的學生作品及散文主題徵文的得獎作品，感謝蕭蕭老師費心編輯、撰寫大作，也感謝文史哲出版公司熱心協助出版事宜，爲駐校文學家活動寫下圓滿的句點。

文學的盛會結束了，但是每一個活動都令人回味與沈思，這是一個美好的過程，希望慨贈給學生的文學種籽，能夠留在他們心中，日後發出小小的芽苗。